Einführung in die Bibliotheksbenutzung

von

Dr. Rolf Kluth

Sammlung Göschen Band 3004

Walter de Gruyter
Berlin · New York 1971

 — Satz und Druck: E. Rieder, Schrobenhausen — Printed in Germany.

ISBN 3 11 001598 6

Inhalt

Einführung

Man kann in eine Bibliothek gehen, um zu lesen, zu schmökern, sich zu bilden, sich zu unterhalten, um Leute zu treffen, mit denen man über Literatur sprechen kann — alles das ist gut, schön und angenehm, wenn die Bibliothek gute und interessante Bestände hat, schön und modern eingerichtet ist, wenn man Zeit hat, wenn freundliche Bibliothekare da sind, die ebenfalls Zeit haben. Muß man aber eine Bibliothek „benutzen", weil man Literatur braucht oder sonstiges Informationsmaterial benötigt, um, zum Beispiel,

sich einen bestimmten Wissensstoff anzueignen,
eine Hausarbeit anzufertigen,
ein Referat oder einen Vortrag auszuarbeiten,
sich auf eine sachlich effektive Diskussion vorzubereiten,
an einem Projekt mitzuarbeiten,
praktische Berufsarbeit wissenschaftlich fundiert anzugehen,
selbständig oder in der Gruppe Forschungs- oder Entwicklungsarbeit zu leisten,

dann ist das Arbeit, dann hat man keine Zeit, dann ist es gut, die Bibliotheksbenutzung zu rationalisieren, um sie so effektiv wie möglich zu machen. Dann muß man wissen, was eine Bibliothek bietet — und was sie nicht bieten kann —, dann muß man wisen, wie man sie am besten ausnutzt, wie man sich ihre Bestände erschließt. Dann ist es nicht nur für den Anfänger nützlich, eingeführt zu werden in das „know how" der Bibliotheksbenutzung.

Sicherlich hat jede Bibliothek ihre Besonderheiten, die man nur an Ort und Stelle kennen lernen kann. Es gibt aber auch allgemeine Grundzüge, die allen Bibilotheken oder bestimmten Bibliothekgruppen gemeinsam sind. Die Kenntnis dieser Grundzüge ermöglicht eine erfolgreiche Bibliotheksbenutzung in den meisten Fällen; sie erleichtert es darüber hinaus, sich auf die Besonderheiten der einzelnen Bibliotheken einzustellen.

Die „Einführung in die Bibliotheksbenutzung" soll die Kenntnis dieser Grundzüge vermitteln und aufzeigen, mit welchen Methoden und Techniken man eine Bibliothek zweckmäßig benutzt. Sie ist zwar in erster Linie für Schüler der Oberstufe und für Studenten gedacht, kann aber auch jedem anderen helfen, der Literaturbedarf hat oder laufend Informationen benötigt.

Hat der Bibliotheksbenutzer seine Arbeit in der Bibliothek rationalisiert, weiß er Bescheid, wie er schnell, zuverlässig und wirtschaftlich an das Material herankommt, das er braucht, dann hat er vielleicht auch gelegentlich wieder einmal Zeit, in der Bibliothek einfach zu lesen, zu schmökern, sich zu bilden, sich zu unterhalten, über Literatur zu sprechen mit freundlichen Bibliothekaren, die dann auch etwas mehr Zeit haben. Das ist übrigens nicht nur gut, schön und angenehm, sondern auch nützlich.

I. Funktion und Struktur der Bibliothek

1. Das Bibliotheksmaterial

Nach landläufiger Ansicht hat es die Bibliothek — wie schon ihr deutscher Name „Bücherei" sagt — mit Büchern zu tun. Was ist aber ein *Buch?* Tatsächlich muß man den Begriff „Buch" schon recht weit fassen, will man die Bibliothek als „Büchersammlung" definieren. Sind Broschüren, Dissertationen, amtliche Druckschriften, wissenschaftliche und technische Reports, Sonderdrucke, Vorabdrucke, „Papiere" und dergleichen noch als Bücher zu bezeichnen? Bei Zeitschriften und Zeitungen wird kaum noch jemand vom Buch sprechen, aber sie haben einen erheblichen Anteil am Bibliotheksbestand.

Zusammenfassende Bezeichnung für das bisher erwähnte Material ist heute *Literatur*. Der weitaus größte Teil des Bibliotheksbestandes ist Literatur: schöne Literatur, Sachliteratur, Fachliteratur, wissenschaftliche Literatur, technische Literatur. Literatur ist auch überwiegend *gedrucktes Material*. Es gibt aber auch gedrucktes Material in der Bibliothek, das nicht Literatur ist, z. B. Karten, Bilder, Musikalien (Noten).

Außer dem gedruckten Material gibt es seit einiger Zeit die sogenannten *technischen Medien* als Informationsträger in der Bibliothek. Dabei handelt es sich einmal um Mikroformen — Mikrofilm und Mikrofiche, die als Textträger wiederum zur Literatur gehören — und das sogenannte audio-visuelle Material, also technische Ton- und Bildträger wie Schallplatten, Tonbänder, Diapositive, Filme, TV-Kassetten usw. Hingewiesen werden soll auch auf die elektronischen Speichermedien, auf die sich die *„Bibliothek der Zukunft"* in zunehmendem Umfang stützen wird. Freilich wird sich der Bibliotheksbenutzer noch für lange Zeit auf die *„Bibliothek der Gegenwart"* einstellen müssen. In die Benutzung der „modernen" Bibliothek soll hier eingeführt werden, noch ohne Rücksicht auf die Tatsache, daß viele Bibliotheken in Deutschland diesen Stand noch nicht oder noch nicht in allen Einrichtungen erreicht haben.

Die Bibliothek der Gegenwart hat also noch Bücher. Freilich wird vom Buch unspezifisch kaum noch gesprochen. Da gibt es das *Sachbuch*, das anschaulich und allgemeinverständlich, aber doch zuverlässig über eine Sache unterrichtet. Das *Fachbuch* vermittelt Fachkenntnisse auf einem gehoben Niveau, während die *Berufskunde* auf die handwerklichen Berufe abgestellt ist. Beim *wissenschaftlichen Buch* wird zwischen verschiedenen Kategorien unterschieden. Das *Lehrbuch* gibt eine zusammenfassende Darstellung eines bestimmten Wissensgebietes, die *Einführung* ist in der Regel kürzer gefaßt, auf das Wesentliche beschränkt. Das *Handbuch* ist umfassend angelegt und häufig mehrbändig. In der *Monographie* wird ein Thema in der Regel von einem Verfasser abgehandelt. *Sammelschriften* enthalten mehrere Beiträge zu einem Fachgebiet oder Thema, mögen sie nun von einem oder mehreren Verfassern stammen.

Als Monographien sind auch die *Dissertationen* anzusehen. Diese Doktorarbeiten behandeln häufig sehr spezielle Themen. In ihrem wissenschaftlichen Wert sind sie meist besser als ihr Ruf. Auf jeden Fall haben sie beachtlichen Informationswert.

Viele wissenschaftliche Monographien, besonders Dissertationen, erscheinen in *Serien*. In der Regel gilt dies als Qualitätsnachweis. Bei den sogenannten Verlegerserien handelt es sich zumeist um allgemeine Literatur.

Es gibt auch Serien von kleineren Schriften, wie Abhandlungen oder Berichten. Die *Abhandlungen* wissenschaftlicher Akademien sind in der Regel sehr bedeutend. Von hoher Aktualität sind die wissenschaftlichen und technischen *Reports*, die häufig auch in Serien erscheinen. Diese Serien, deren Stücke zumeist sehr spezielle Themen behandeln, stellen schon einen Übergang zur Zeitschrift dar.

Bei den *Zeitschriften* wird zwischen allgemeinen, politischen, kulturellen, literarischen, wissenschaftlichen, technischen und sonstigen unterschieden. Die meisten erscheinen in regelmäßigem, periodischem Abstand, jedoch gibt es auch solche mit unregelmäßiger Erscheinungsweise. In den Bibliotheken werden die Zeitschriftenhefte zu einem Band gebunden, sobald der Jahrgang vollständig ist. Da die Bindefristen heute zumeist recht lang sind, muß der Benutzer damit rechnen, daß der letzte Jahrgang längere Zeit nicht verfügbar ist, falls die Bibliotheken nicht für Beschleunigung sorgen. Als Zeitschriften werden auch Jahrbücher, periodische Kongreßberichte udgl. aufgefaßt.

Zeitschriften sind heute in vielen Fächern von primärer

Bedeutung. Die regelmäßige Durchsicht der neuesten Hefte einschlägiger Zeitschriften ist von hohem Informationswert. Man bleibt „auf dem laufenden". Im übrigen geht es zumeist um einzelne *Aufsätze*. Diese sind, ebenso wie Beiträge, Artikel und Aufsätze in Handbüchern, Lexika und Sammelschriften „bibliographisch unselbständig", d. h. im Titel der sie enthaltenen Einheiten nicht erkennbar. Sie sind jedoch ebenso wie die bibliographisch selbständigen Schriften *Dokumente*, die „dokumentiert" werden können.

Während die Literaturdokumente *Texte* enthalten, die Informationen vermitteln, bringen die *Dokumentationen* Titel von Dokumenten ggf. mit näheren Angaben, also Informationen über Informationen. *Bibliographien* sind ursprünglich Bücherverzeichnisse, jedoch gibt es auch Zeitschriftenaufsatzbibliographien. Insbesondere die Fachbibliographien verzeichnen auch unselbständige Dokumente. Neben bloßen Titelverzeichnissen gibt es auch annotierte Bibliographien, bei denen Zusätze zum Titel oder „Deskriptoren" den Informationsgehalt erhöhen. Noch mehr Information wird vermittelt, wenn kurze Inhaltsangaben — Referate oder „Abstracts" genannt — hinzugefügt werden. Bibliographien sind entweder in Buchform „retrospektiv" angelegt, oder sie erscheinen laufend, d. h. periodisch in Zeitschriftenform. Literatur- oder Foschungsberichte geben die Information über Informationen in zusammenhängendem Text.

Bibliographien sind *Nachschlagwerke*. Sie geben aber keine oder nur wenig Sachinformation. Nachschlagewerke zur Sachinformation sind die umfassenden Handbücher sowie die Sachlexika. Auch biographische Wörterbücher oder Sammelbiographien dienen vor allem Nachschlagezwecken. Der direkte Informationsgehalt der Nachschlagewerke ist begrenzt. Darum enthalten die wichtigeren von ihnen Hinweise auf weiterführende Literatur. Damit erfüllen sie auch einen bibliographischen Zweck.

Bei dem bisher aufgeführten Bibliotheksmaterial handelt es sich um *Publikationen,* also um Dokumente, die durch Druck oder sonstige Verfahren vervielfältigt wurden. Es gibt aber auch schriftliche Dokumente, die nicht vervielfältigt sind, z. B. *Akten.* Diese werden nicht in Bibliotheken, sondern in — staatlichen oder städtischen — *Archiven* gesammelt. In besonderen Fällen enthalten Bibliotheken sogenannte *Literaturarchive,* das sind Sammlungen von Manuskripten, Briefen usw. von Dichtern oder sonst literarisch tätigen Personen, zumeist mit bestimmten Beziehungen zum Ort oder zur Region. Viele Bibliotheken besitzen auch *Handschriften* aus der Zeit vor Erfindung des Buchdrucks. Manche von ihnen sind ausgesprochene Kunstgegenstände. Auch die moderne Bibliothek verzichtet keineswegs auf Zeugnisse der Buchkultur aus Vergangenheit und Gegenwart.

2. Die Bibliotheksfunktion

Die Bibliothek sammelt das genannte Bibliotheksmaterial, um die in ihnen enthaltenen Informationen ihren Benutzern zugänglich zu machen. Natürlich kann sie das nur in *Auswahl,* in einem bestimmten Rahmen tun. Dieser Rahmen wird einmal durch die *Aufgabe* oder den *Zweck* der Bibliothek, zum anderen durch die *Mittel,* die ihr zur Verfügung stehen, bestimmt. Grundsätzlich sollten die Mittel dem Bibliothekszweck angemessen sein. Es ist widersinnig, wenn Bibliotheken von der öffentlichen Hand für eine bestimmte Aufgabe eingerichtet werden, aber von ihrem „Unterhaltsträger" nicht mit zureichenden Mitteln ausgestattet werden. Sicherlich gibt es bei den Haushalten knappe Zeiten, aber keineswegs immer. Jedenfalls sollte man es nicht als unveränderliches Schicksal hinnehmen, daß Bibliotheken fast stets unzureichende Mittel haben, um die für ihre Zweckbestimmung notwendige Literatur anzuschaffen.

Verantwortlich für den richtigen, d. h. auf die Aufgabe der Bibliothek gerichteten Einsatz der Mittel ist der *Bibliothekar.* Er muß alle einschlägigen Publikationen aus der laufenden Produktion erfassen und die für seine Bibliothek notwendigen und anschaffungswerten auswählen und anschaffen. Aber auch der *Benutzer* hat die Möglichkeit, *Anschaffungsvorschläge* zu machen, die in dem erwähnten Rahmen berücksichtigt werden. Er sollte von dieser Möglichkeit durchaus Gebrauch machen, nicht nur im eigenen Interesse, sondern auch in dem der Bibliothek, und sich nicht abschrecken lassen, wenn nicht jeder Wunsch erfüllt werden kann.

Gelegentlich spielen Fragen der *Ideologie* im Bereich der Buchauswahl und der Bestandsstruktur eine Rolle. Dem Bibliothekar wird vorgeworfen, entweder daß er eine Zensur, oder aber, daß er keine Zensur ausübe. Es versteht sich von selbst, daß der Bibliothekar kein Zensor ist und nicht das Recht hat, Literatur aus politischen, religiösen, moralischen oder aesthetischen Gründen von der Anschaffung auszuschließen. Sein Auswahlkriterium kann nur der Zweck der Bibliothek sein. Dem Bibliothekar einer chemisch-technischen Fachbibliothek wird niemand vorwerfen, daß er die Bibel oder das „Kapital" nicht anschafft; in einer katholischen Gemeindebücherei wird ein Liberaler freudig überrascht sein, wenn er die Lutherbibel oder das „Kapital" findet. In einer öffentlichen Stadtbibliothek muß jedermann die wichtigsten Bibeltexte, Übersetzungen und Kommentare, die Werke von Karl Marx in erreichbaren Ausgaben sowie die wesentliche Sekundärliteratur vorfinden. Es bleibt die Frage, was wesentlich und wichtig ist. Die Frage kann nicht nur vom „objektiven" Standpunkt entschieden werden; der Gesichtspunkt der Aktualität, des „im Gespräch-Sein" spielt eine wichtige Rolle. Der Benutzer kann hier seine Ansprüche anmelden.

Der Gesichtspunkt der *Aktualität* des Bibliotheksmaterials spielt heute für die Bibliothek eine wesentlich größere Rolle als früher. In vielen Fächern ist der Vorgang des Veraltens geradezu rasant, also muß das Neueste schnell vorhanden sein, um genügend Nutzen zu stiften. Aber auch sonst wird erwartet, daß die Bibliothek Neuerscheinungen schnell anbietet. Das ist auch durchaus berechtigt, und für die Bibliothekare ist schnelle Beschaffung dringendes Gebot. Der Benutzer muß freilich wissen, daß das Bibliotheksmaterial nicht nur beschafft, sondern auch bearbeitet sein will, um bereitgestellt werden zu können. Es ist objektiv unmöglich, daß die Bibliothek eine Neuerscheinung ebenso schnell bereitstellt wie eine Buchhandlung. Das Buchhandelsangebot ist strukturell von dem der Bibliothek unterschieden, und der Benutzer muß sich auf diesen Unterschied einstellen. Er kann nur fordern, daß die Bibliothek das neue Material so schnell, wie es ihr möglich ist, anbietet.

Die *Bearbeitung* der Neuzugänge hat den Zweck, sie verfügbar zu machen. Solange sie nicht bearbeitet sind, kann sie niemand benutzen. Sie müssen inventarisiert, katalogisiert, klassifiziert und buchbinderisch aufbereitet werden. Erst im Ordnungssystem der Bibliothek ist das Material nachweisbar, wird der Bestand der Bibliothek erschlossen, kann er vermittelt werden. Wer 100 Bände besitzt, kann den Band, den er sucht, schließlich noch ohne besondere Ordnung im Bücherbord finden; schon bei 1000 Bänden geht das nicht mehr. Je größer eine Bibliothek ist, desto genauer muß die Ordnung in ihr eingehalten werden, da sonst ein Chaos unvermeidlich ist. Es ist evident, daß die Einordnung Zeit und Arbeit erfordert. Die Bibliothek wird durch ihre Arbeitsorganisation die Bearbeitungszeit so weit wie möglich reduzieren. Dazu braucht sie genügend *Personal.* Trotz aller technischer Rationalisierungsmaßnahmen müssen unzureichende Personalausstattung oder ungünstige Personallage zu Verzögerungen in der Bearbeitung führen, die auch bei Verbesserung der Situation nur langsam aufzuholen sind. Aber auch wenn es gelingt, einen glatten Bearbeitungsfluß zu sichern, ist ein gewisser Zeitverzug zwischen der Auslage im Buchhandel und der Bereitstellung in der Bibliothek unvermeidlich.

3. Die Bibliotheksstruktur

Die Bibliotheksstruktur hat für den Benutzer teils mittelbare, teils unmittelbare Bedeutung. Die moderne *Arbeitsstruktur* der Bibliothek ist durch die Unterscheidung von *Betriebsdienst* und *Kommunikationsdienst* („Technical Service" — „Reference Service") gekennzeichnet. Sie ermöglicht einmal die Rationalisierung der Bearbeitungsabläufe, die als Beschleunigung der Bereitstellung dem Benutzer zugutekommt; zum andern macht sie deutlich, daß der Bibliothekar als Vermittler, durch „Information über Informationen" direkt und aktiv mit dem Benutzer oder mit Benutzergruppen zusammenarbeiten will. Diese moderne Arbeitsstruktur ist in deutschen Bibliotheken erst in mehr oder weniger deutlich erkennbaren Ansätzen vorhanden. Der Benutzer kann an der Entwicklung mitwirken, indem er sein Recht auf Auskunft und Unterstützung wahrnimmt und die Zusammenarbeit dort, wo sie von bibliothekarischer Seite noch nicht angeboten wird, seinerseits herausfordert.

Primäres Interesse hat er an der *Benutzungsstruktur*. Zu unterscheiden ist zwischen Präsenz- und Ausleihbibliothek. In der *Präsenzbibliothek* werden alle Bestände „präsent" gehalten, dürfen also nur in den Leseräumen der Bibliothek benutzt werden. Natürlich muß der Benutzer auch in einer solchen Bibliothek damit rechnen, daß ein anderer Benutzer das von ihm benötigte Material gerade benutzt, aber die Chance, das Gesuchte auch tatsächlich zu bekommen, ist sehr viel größer als in der *Ausleihbibliothek*. Diese bietet jedoch den Vorteil der Benutzung auch außerhalb der Öffnungszeiten der Bibliothek. Freilich sind auch in Ausleihbibliotheken Teile des Bestandes „nicht verleihbar": außer den Handschriften und Kostbarkeiten sind es die großen Handbücher und Sammelwerke, Loseblattausgaben, die Nachschlagewerke, Bibliographien und die laufenden Zeitschriften. Neuerdings werden vielfach auch gebundene Zeitschriften präsent gehalten, wenn ein *Kopierdienst* eingerichtet ist. Sehr häufig benötigte Literatur — Lehrbücher, Kommentare, bestimmte Ausgaben — sind in Mehrfachexemplaren vorhanden, von denen eines oder mehrere präsent gehalten, andere ausgeliehen werden. Besondere *Lehrbuchsammlungen* kommen immer mehr in Gebrauch. In Deutschland sind die öffentlichen und die allgemeinen wissenschaftlichen Bibliotheken Ausleihbibliotheken mit mehr oder weniger großem Präsenzbestand, während die Spezial- und Institutsbibliotheken grundsätzlich Präsenzbibliotheken sind, wenn auch Ausnahmen gemacht werden.

Zu unterscheiden ist ferner zwischen offenen und geschlossenen Bibliotheken. In *offenen Bibliotheken* sind die Bestände für den Benutzer freizugänglich aufgestellt, es herrscht das Prinzip der Selbstbedienung. In *geschlossenen Bibliotheken* sind die Bestände in Magazinen aufgestellt, zu denen der Benutzer keinen Zutritt hat; die benötigte Literatur erhält er aufgrund einer Bestellung: entweder in wenigen Minuten — dann spricht man von Sofortbedienung — oder in einer bestimmten Frist nach der Bestellung, z. B. am nächsten Tag — dann spricht man von Fristbedienung.

Kaum eine Bibliothek ist völlig offen oder völlig geschlossen. So sind in offenen Bibliotheken bestimmte Bestände vom freien Zugang ausgeschlossen, z. B. besonders wertvolles Material, aber auch das audio-visuelle Material. Vielfach wird auch älteres oder veraltetes Material aus der „Freihandaufstellung" herausgenommen, weil es diese belasten und unübersichtlich machen würde. Umgekehrt gibt es in geschlossenen Bibliotheken offene Bestände, z. B. in den Lesesälen oder im „Handmagazin".

Für den Benutzer bedeutet freier Zugang zu den Beständen oder jedenfalls zu großen Teilen von ihnen einen erheblichen Vorzug. Für die Bibliothek ist Selbstbedienung eine Entlastung. Gewisse Nachteile sind nicht zu übersehen, insbesondere besteht die Gefahr der Unordnung, wenn der Benutzer es an Selbstdisziplin fehlen läßt. Die größere Attraktivität der Freihandbibliothek führt auch dazu, daß ein relativ großer Teil des Bestandes in Benutzung ist; hier kann nur Duplizierung viel benötigter Literatur helfen. Vom Kostenstandpunkt ist zu berücksichtigen, daß die Freihandbibliothek einen etwas größeren Raumbedarf hat als die geschlossene Bibliothek. Da die Effektivität jedoch steigt, ist im Ergebnis eine bessere Ökonomie zu erreichen. Überdies hat sich die Bibliothek grundsätzlich auf die Benutzerbedürfnisse einzustellen und sie so weit wie möglich zu realisieren.

Vor 1950 herrschte in Deutschland das Prinzip der geschlossenen Bibliothek sowohl in den wissenschaftlichen Allgemeinbibliotheken wie in den Volksbibliotheken; in den Seminar- und Institutsbibliotheken der Universitäten sowie in sonstigen Spezialbibliotheken wurde das Prinzip der offenen Bibliothek bewahrt, wobei freilich zu berücksichtigen ist, daß diese Bibliotheken nur für einen begrenzten Benutzerkreis zugänglich waren. Nach 1950 setzte sich bei den Volksbüchereien das Freihandprinzip durch und leitete deren Entwicklung zur „Öffentlichen Bibliothek" (Public Library) ein. Bei den Universitätsbibliotheken begann die „Öffnung" seit etwa 1965 insbesondere bei den neuen Universitäten. Bei den alten Universitäten ist sie aus räumlichen Gründen schwierig. Jedoch besteht nunmehr eine deutlich erkennbare Tendenz, immer größere Teile des Bestandes oder ganze Gruppen — etwa die Zeitschriften — freizugänglich zu machen. Der Benutzer kann zu dieser Entwicklung beitragen, indem er entsprechende Forderungen stellt.

Der Bibliotheksbestand stellt eine Masse von Informationsmaterial dar, die erschlossen werden muß, um die gespeicherten Informationen wieder aktiv zu machen. Die *Erschließungsstruktur* ist durch ein abgestuftes System von Instrumenten und Aktivitäten gekennzeichnet. Das System beginnt mit der *systematischen Aufstellung* bei freizugänglichen Beständen. Diese Erschließungsmaßnahme ist sehr wirksam, aber begrenzt. Sie muß durch *Kataloge* und *Indices* ergänzt werden. Bei den Katalogen unterscheidet man Sachkataloge, Formalkataloge und Sonderkataloge.

Sachkataloge dienen, wie die systematische Aufstellung, der Erschließung unter sachlichem Gesichtspunkt. Der *systematische Katalog* (SyK) ist, wie die Aufstellung, fachsystematisch gegliedert. Auch wenn für beide dieselbe Fachsystematik zugrundegelegt wird, handelt es sich nicht einfach um eine Duplizierung. So führt der SyK auch diejenige Literatur auf, die nicht in die Freihandaufstellung aufgenommen wurde, ferner diejenige, die gerade in Benutzung ist, außerdem vermag der SyK ein Dokument unter verschiedenen sachlichen Gesichtspunkten einzuordnen, während es in der systematischen Aufstellung physisch stets nur an einer Stelle stehen kann.

Der *Schlagwortkatalog* (SwK) faßt sachlich zusammengehöriges Titelmaterial unter „Schlagwörtern" — Wörtern, die den Begriff „schlagend" treffen — zusammen und ordnet sie alphabetisch. Es ist selten, daß eine Bibliothek beide Sachkataloge zugleich führt. Jedoch müssen jedenfalls beide Prinzipien — das systematische wie das schlagwortalphabetische — zur Geltung gebracht werden. Das geschieht durch den *Schlagwortindex* (SwI) zum Syk und den *systematischen Index* (SyI) zum SwK.

Sonderkataloge beziehen sich entweder auf besondere Interessengebiete oder auf besondere Materialien. *Personenkataloge* fassen das Titelmaterial zu einzelnen Personen zusammen und ordnen es nach dem Alphabet der Namen; bei *Ortskatalogen* wird entsprechend mit der Literatur über Orte verfahren. *Länder-* oder *Regionalkataloge* werden zumeist nach einem geographischen System geordnet. Für Karten, Bilder, Noten werden zumeist ebenso wie für Schallplatten, Tonbänder, Filme und Dias Sonderkataloge geführt.

Der Hauptkatalog der Bibliothek ist der *Alphabetische Katalog,* der das Schrifttum nach dem Alphabet der Verfasser — persönlicher oder korporativer — oder, ersatzweise, der Sachtitel ordnet. Er dient vor allem dem Nachweis des in der Bibliothek Vorhandenen. Er hat im wesentlichen formalen Charakter. Er ist nicht nur für den Benutzer, sondern auch für den internen Bibliotheksbetrieb von erheblicher Bedeutung.

Bei den meisten Bibliotheken beschränkt sich die Erschließung des Bestandes auf die „bibliographischen Einheiten". Eine sogenannte *Literaturerschließung,* die sich auf die „bibliographisch unselbständigen" Dokumente, insbesondere Zeitschriftenaufsätze, Beiträge zu Sammelwerken udgl. bezieht, wird nur selten und partiell vorgenommen. Im Prinzip ist sie aber ein wesentliches Glied im Erschließungssystem; jeder Ansatz dazu bedeutet eine Verbesserung der Erschließungsstruktur.

Je weniger die Bibliothek an eigener Literaturerschließung zu bieten hat, desto bedeutsamer wird der *bibliographische Apparat.* Er besteht aus den allgemeinen und den Fachbibliographien. Die *Fachbibliographien* verzeichnen zumeist auch, überwiegend oder überhaupt nur unselbständige Dokumente. *Literatur- oder Dokumentationskarteien* haben eine ähnliche Aufgabe. Die *Allgemeinbibliographien* sind vor allem für den Nachweis der neuesten

Literatur, die in den Fachbibliographien zumeist erst mit Abstand verzeichnet wird, wichtig.

Die Bibliographien sind aber nicht nur zur intensiveren Bestandserschließung heranzuziehen, sondern dienen auch zum Nachweis von Literatur, die die Bibliothek selbst *nicht besitzt,* die sie aber im *Leihverkehr* der Bibliotheken beschaffen kann. Ein angemessener bibliographischer Apparat ist also auch dort nötig, wo die eigene Erschließungsarbeit der Bibliothek gut entwickelt ist.

Das Erschließungssystem der Bibliothek darf sich jedoch nicht auf das Instrumentarium—von der Aufstellung über die verschiedenen Kataloge bis zum bibliographischen Apparat — beschränken; vielmehr gehören einige bibliothekarische Aktivitäten dazu, um es wirksam zu machen. Als erste wäre die *Benutzungshilfe* zu nennen. Sie wird vom Bibliothekar jedem geleistet, der zu erkennen gibt, daß er sich mit dem Instrumentarium — Aufstellung, Kataloge, bibliographischer Apparat — nicht zurechtfindet. Niemand soll sich scheuen, diese Hilfe in Anspruch zu nehmen. Auch der erfahrene Benutzer sollte, wenn er auf Schwierigkeiten stößt, nicht zögern, sich an den *Auskunftsdienst* zu wenden. Dieser Auskunftsdienst gibt in erster Linie *Literaturinformation,* d. h. er weist die Literatur nach, die vorhanden oder bibliographisch zu ermitteln ist. Er muß auch in der Lage sein, gewisse *Literaturempfehlungen* zu geben, wenn der Benutzer sie explizit oder auch implizit verlangt. Noch mehr inhaltlichen Charakter hat die *Sachinformation,* die die Bibliothek freilich nur auf Grund ihres Materials, also als „Zitat", geben kann.

Daß Auskünfte nicht nur auf mündliche, sondern auch auf *fernmündliche* Anfragen erteilt werden, versteht sich heute von selbst. In schwierigeren Fällen wird sie häufig nicht ausreichen. *Schriftliche* Anfragen werden in der Regel schriftlich beantwortet. *Bibliographische Zusammenstellungen* gehören in der Spezialbibliothek zur Bibliotheksaufgabe. In den Öffentlichen und den Wissenschaftlichen Allgemeinbibliotheken wurden sie bisher nur in Ausnahmefällen ausgeführt. Hier eröffnet die moderne Kopiertechnik jedoch neue Wege, die in vielen Fällen zum Ziel führen können. Allgemein ist jedoch festzustellen, daß gerade bei der Ermittlung von Literatur die Zusammenarbeit von Benutzer und Bibliothekar am effektivsten ist.

Immer deutlicher wird, daß ein *Literaturdienst* zum Erschließungssystem gehört. Es handelt sich zumeist um vervielfältigte oder gedruckte Titellisten, die den Benutzer auf Neuerwerbungen hinweisen, oder die zu bestimmten Anlässen unter thematischen Gesichtspunkten hergestellt werden. Neuerdings gewinnt auch der Druckkatalog an Bedeutung; Fachkataloge können interessierten Stellen zur Verfügung gestellt werden. Einzelbenutzer können ebenfalls ihr Interessengebiet angeben, um mit einschlägigen Neuerwerbungslisten versorgt zu werden. Spezialbibliotheken stellen sich auf „Benutzerprofile" ein.

Überhaupt ist enger *Kontakt* zum Benutzer oder zu Benutzergruppen für die moderne Bibliothek eine wichtige Forderung. Aktive Informationsarbeit gehört heute zum Erschließungssystem auch der Allgemeinbibliotheken.

Zur Kontaktarbeit gehören auch *Führungen* durch die Bibliothek, *Einführungen* in die *Bibliotheksbenutzung* und in die *Literaturarbeit*. Jedem Benutzer sollte auch eine gedruckte oder vervielfältigte *Benutzungsanleitung* zur Verfügung gestellt werden.

Wenn die Erschließungsstruktur noch nicht an allen Bibliotheken der Bundesrepublik zureichend entwickelt ist, so liegt das hauptsächlich am *Personalmangel*. Die bewilligten Stellen reichen vielfach noch nicht einmal aus, um eine zügige Bearbeitung der notwendigen Zugänge zu garantieren. Die aktive Bibliotheksarbeit kommt dann zumeist zu kurz. Die dauernde Mangelsituation führt dann häufig zur Resignation; nicht selten wird die Notwendigkeit aktiver Erschließungsarbeit gar nicht wahrgenommen, entsprechende Forderungen werden für utopisch erklärt. Der Bibliotheksbenutzer soll aber Mängel in Funktion und Struktur „seiner" Bibliothek nicht als schicksalsgegeben hinnehmen, sondern den Unterhaltsträger darauf hinweisen. Er hilft damit der Bibliothek und sich selbst.

II. Das System der Bibliotheken

Für eine rationelle und effektive Bibliotheksbenutzung ist eine gewisse Kenntnis des Bibliothekssystems der Bundesrepublik nötig. Sie befähigt dazu, die gegebenen Möglichkeiten zu beurteilen und besser auszunutzen. So ist es wichtig, die Unterschiede zwischen den verschiedenen Bibliothekstypen oder -kategorien zu kennen, um diese Kenntnis im konkreten Fall — insbesondere, wenn verschiedene Bibliothekskategorien am Ort vertreten sind — anzuwenden und zu wissen, daß Bibliotheken nicht isoliert sind, sondern in einem gewissen Zusammenhang stehen, also ein „System" bilden. In ihm soll prinzipiell „jedem Benutzer an jedem Ort jedes Buch" zur Verfügung gestellt werden — ein Ideal, das in der Praxis natürlich nicht zu erreichen ist, dem sich das Bibliothekswesen jedoch so weit wie möglich nähern sollte.

Bis in die Gegenwart hinein ist für das deutsche Bibliothekswesen die Unterscheidung zwischen „wissenschaftlicher Bibliothek" und „öffentlicher Bücherei" typisch. Bis vor kurzem hieß die öffentliche Bücherei noch „Volksbücherei": ein deutliches Indiz für die Klassenstruktur des deutschen Bildungswesens. Heute zeichnet sich hier eine Wandlung ab, die aus dem Dualismus herausführt und auf ein „abgestuftes System" abzielt, in dem jedermann für seinen Literaturbedarf eine Chance hat.

Es gibt jedoch auch noch einige andere Dualismen, z. B.

zwischen Schulbücherei und öffentlicher Bücherei, zwischen Universitätsbibliothek und Institutsbibliotheken. Auch hier tendiert die moderne Entwicklung zur Überwindung des Dualismus, z. T. schon aus ökonomischen Gründen.

Obwohl diese Entwicklung noch nicht abgeschlossen ist, ja eigentlich überhaupt erst anfängt, soll in der folgenden Darstellung des Bibliothekssystems nicht von den traditionellen Bibliothekstypen, sondern von den funktional bestimmten Bibliotheksarten oder -kategorien ausgegangen werden. Bei der Beschreibung der Bibliotheksbenutzungspraxis muß freilich das Vorhandene wie das sich Entwikkelnde berücksichtigt werden.

Die erste Bibliothekskategorie ist die der *öffentlichen Allgemeinbibliotheken,* deren Aufgaben- und Wirkungsbereich primär lokal oder regional bestimmt ist. Diese Kategorie reicht von der Dorf- oder Gemeindebücherei über die Stadtbibliothek, die Landes- und Staatsbibliothek zur Nationalbibliothek — oder sollte vielmehr so weit reichen: eine Nationalbibliothek im umfassenden Sinne des Wortes, die mit den entsprechenden Bibliotheken in Paris, London, Washington oder Moskau vergleichbar wäre, gibt es in Deutschland nicht.

Als zweite Kategorie werden hier die *Bibliotheken der Bildungseinrichtungen* behandelt; sie reicht von der Schulbibliothek über die Hochschulbibliothek zur Universitätsbibliothek. Da das Bibliothekswesen für die Bildungseinrichtungen eine besondere Funktion hat, ist diese Kategorie von erheblicher Bedeutung.

Die dritte Kategorie bilden die *Spezialbibliotheken* — eine Kategorie, die in sich sehr unterschiedlich ist, weil es eben sehr unterschiedliche Spezialisierungen gibt: fachliche, funktionale und materielle. Ein gemeinsames Charakteristikum ist der relativ begrenzte Benutzerkreis. Das bedeutet aber nicht, daß der „allgemeine Benutzer", der nicht zu diesem engeren Benutzerkreis gehört, nicht auch von den Möglichkeiten wissen sollte, die Spezialbibliotheken bieten. Im konkreten Einzelfall öffnen sich auch diese Bibliotheken begründetem Bedarf von außen.

Abschließend ist auf den *Zusammenhang der Bibliotheken,* auf Einrichtungen wie den nationalen Leihverkehr, die regionalen Gesamtkataloge oder die Sondersammelgebiete sowie auf die Möglichkeiten, die die moderne Informationstechnik für den Aufbau von Informationsnetzwerken bietet, und die Rolle der Bibliotheken im neuen nationalen Informationssystem einzugehen. Es ist sicher gut, wenn der Benutzer auf diesem Gebiet, das für ihn wenig transparent ist oder das sich in einer durchaus noch nicht gesicherten Entwicklung befindet, realistische Vorstellungen gewinnt.

1. Die Öffentlichen Allgemeinbibliotheken

Die quantitativen und qualitativen Unterschiede der Bibliotheken dieser Kategorie sind evident: eine Dorfbibliothek ist kleiner als eine Kreisbibliothek, eine Stadtbibliothek — in der Regel — kleiner als eine Landes- oder Staatsbibliothek, von der Nationalbibliothek zu schweigen; die qualitativen Unterschiede hinsichtlich der Bestandsstruktur ergeben sich von selber: sie sind auch ökonomisch bedingt — weniger häufig benutzte Literatur wird zweckmäßigerweise konzentriert, um eine ausreichende Ausnutzungsquote zu erreichen.

Bei der folgenden Übersicht über die Öffentlichen Allgemeinbibliotheken wird am besten vom kommunalen Bibliothekssystem einer großen Großstadt ausgegangen; danach ist ein Ausblick auf die Entwicklung des Bibliothekswesens in den übrigen Städten sowie im ländlichen Bereich zu geben; es folgt ein Hinweis auf die Landes- und Staatsbibliotheken sowie die zentralen Bibliotheken in der Bundesrepublik.

a) Das großstädtische Bibliothekssystem

Ein modernes großstädtisches Bibliothekssystem besteht aus einer Reihe von Stadtteilbibliotheken und einer zentralen Stadtbibliothek. Während in den *Stadtteilbibliotheken* die allgemeinbildende Sachliteratur, die berufsbildende Fachliteratur und die schöne Literatur im Vordergrund steht, ist in der *zentralen Stadtbibliothek* die gehobene Fachliteratur und die wissenschaftliche Literatur, für die in der Stadt Bedarf besteht, konzentriert; schöne Literatur ist hier Quellenmaterial im Rahmen der Literaturwissenschaft. Es werden allgemeine, literarische, kulturelle, politische, fachlich-praktische und wissenschaftliche Zeitschriften sowie Nachschlagewerke und Informationsmaterial zur Verfügung gestellt. Häufig wird auch Literatur für die lokal- oder regionalhistorische Forschung gesammelt; auch andere Spezialsammlungen können vorhanden sein.

Moderne Systeme dieser Art, wie sie in den USA, in Großbritannien und in den skandinavischen Ländern üblich sind, sind in den Großstädten der Bundesrepublik Deutschland noch keineswegs überall aufgebaut. Vielerorts bestehen „wissenschaftliche Stadtbibliotheken" und „Stadtbüchereien" — früher „Volksbüchereien" — unverbunden nebeneinander. In einigen Städten wurden die Stadtbibliotheken zu Universitätsbibliotheken, in anderen sind die Hauptbüchereien des Büchereisystems sogenannte „Einheitsbüchereien" mit „wissenschaftlichen Abteilungen" oder mit stärkerer Berücksichtigung wissenschaftlicher Literatur im allgemeinen Bestand. Eine Tendenz zum Ausbau der wissenschaftlichen Bestände in zentralen Büchereien ist jedoch festzustellen.

Die isolierten „wissenschaftlichen Stadtbibliotheken" haben die Struktur der „geschlossenen Bibliothek", die „integrierten" zentralen Stadtbibliotheken und die „Einheitsbüchereien" sind Freihandbibliotheken oder streben die „offene" Struktur an.

Für den Benutzer in einer Großstadt ist die *Bibliothekssituation* nicht immer leicht durchschaubar. Die offenen Bibliotheken sind für ihn attraktiv, aber häufig ist ihr Bestand nicht zureichend. Die Stadtbibliotheken alten Stils verfügen zumeist über beachtliche Bestände, insbesondere in den Geisteswissenschaften, aber ihr Erschließungssystem ist häufig unzureichend. Der Benutzer muß versuchen, sich ein klares Bild von der Leistungsfähigkeit der vorhandenen Bibliotheken zu machen.

Für den *Schüler* der Oberstufe der allgemeinbildenden Schulen wird auch die Bibliothek seines Stadtteils Material enthalten, das er für seine Arbeiten benötigt. In der Hauptsache ist er jedoch auf zentrale Bibliothekseinrichtungen angewiesen. Er wird zunächst einmal das Angebot der „Hauptbücherei" des städtischen Systems ausnutzen, muß aber immer wieder auch auf die Bestände der wissenschaftlichen Stadtbibliothek zurückgreifen. Im „integrierten System" ist die zentrale Stadtbibliothek oder die „Einheitsbücherei" der Ort, der ihm die meisten Möglichkeiten bietet, das benötigte Material zu erhalten.

Auch der *Student,* insbesondere der ersten Semester, wird immer wieder die zentrale Stadtbibliothek benutzen. In der Regel kann auch eine gut ausgebaute Hochschulbibliothek nicht jeden Bedarf decken, bei der Masse der Studenten ist sie überfordert. Auf jeden Fall ist es gut, wenn der Student, vor allem der geisteswissenschaftlichen Fächer, sich über die Möglichkeiten orientiert, die das städtische Bibliothekssystem seines Hochschulortes bietet. In den Semesterferien wird er auf die Bibliothek seines Heimatortes zurückgreifen, wenn diese zureichend ausgebaut ist.

Berufstätige Benutzer sind in der Regel auf die städtische Zentralbibliothek angewiesen, wenn sie weiterführenden Literaturbedarf haben. Jedenfalls wird die Stadtbibliothek Primärbibliothek für sie sein; bei spezielleren

Interessen kann sie andere bibliothekarische Möglichkeiten aufzeigen.

b) Städtisches und ländliches Büchereiwesen

In den „großen Großstädten" der Bundesrepublik findet der Benutzer in den kommunalen Bibliotheken, wie ihre Struktur und Organisation auch sein mag, zumeist einen Bücherbestand vor, der ihm hilft; zumeist geht die Entwicklung in die Richtung eines weiteren Ausbaues der fachlichen und wissenschaftlichen Bestände. Ebenso wird es zu Strukturverbesserungen kommen, die den Zugang erleichtern.

In den *mittleren* und *kleineren Großstädten* sind die Verhältnisse sehr unterschiedlich. Es gibt Städte mit älteren Stadtbibliotheken oder mit Einheitsbüchereien älterer und neuerer Art. Ihr Ausbau und ihre Leistungsfähigkeit hängt einmal von der Finanzkraft der Stadt, dann aber auch von dem Interesse der „Stadtväter", schließlich von persönlichen Verhältnissen ab. Im Durchschnitt ist die Lage nicht sehr günstig, jedoch gibt es Ausnahmen.

In *Mittel-* und *Kleinstädten* sowie *auf dem Lande* sind die Büchereiverhältnisse leider noch kaum als angemessen zu bezeichnen, im Gegensatz zu Großbritannien oder den skandinavischen Ländern. Natürlich gibt es auch in der Bundesrepublik Ausnahmen, wird von bibliothekarischer Seite versucht, die Entwicklung voranzutreiben; dennoch ist das „Kulturgefälle" gegenüber der Großstadt erheblich. Es bedarf großer kulturpolitischer Anstrengungen, um die Verhältnisse zu verbessern, am besten im Zusammenhang mit der Verbesserung des Schulwesens.

Der Benutzer ist zunächst einmal auf seine *örtliche Bücherei* angewiesen. Aber er muß wissen, daß diese Bücherei mit anderen Bibliotheken in Verbindung steht, daß von ihm gewünschte Literatur, die am Ort nicht vorhanden ist, im *„Leihverkehr"* beschafft werden kann. Eine gewisse Umständlichkeit ist damit natürlich verbunden. Auf jeden Fall sollten sich Bibliotheksbenutzer dafür einsetzen, daß ihre örtliche Bücherei auf den Mindeststandard: 1 Buch pro Einwohner (1:1) gebracht wird und daß Leihverkehrsverbesserungen vorgenommen werden. Ebenso sollten die Schulen ein stärkeres Interesse am Ausbau des örtlichen Büchereiwesens bekunden; leider besteht, bei knappen Mitteln, in materieller Hinsicht, häufig ein Interessengegensatz zwischen Schule und Bücherei.

c) Die Landesbibliotheken

Landesbibliotheken sind eine Besonderheit des deutschen Bibliothekswesens. Sie sind aus Fürstenbibliotheken hervorgegangen und haben daher eine besondere Tradition. Neben recht kleinen, finanziell gering dotierten gibt es große mit beachtlichen Beständen. Die Pflege des landesgeschichtlichen Schrifttums gehört zu ihren Aufgaben.

Manche sind in ihrer praktischen Funktion wenig mehr als Stadtbibliotheken — es gibt auch städtische Bibliotheken mit dem „Ehrentitel" Landes- oder Staatsbibliothek —, andere haben nationale oder gar internationale Bedeutung. Das Bild ist sehr buntscheckig, die *Situation nicht leicht durchschaubar.* Ihrer Struktur nach sind die deutschen Landesbibliotheken geschlossene Bibliotheken und häufig nicht leicht benutzbar. Dem Bestand nach stellen sie insgesamt ein beachtliches Reservoir dar, insbesondere auf dem Gebiet der Geisteswissenschaften.

Der Benutzer am Ort wird zunächst die städtischen Bibliothekseinrichtungen ausnutzen. Gelegentlich sind diese, mit Hinblick auf die Landesbibliothek, wenig ausgebaut. Dann ist er vielfach auf die Landesbibliothek angewiesen. Bei gut ausgebautem städtischen Bibliothekssystem ist die Landesbibliothek *Ergänzungsbibliothek.* Sind die städtischen Bibliothekseinrichtungen stark benutzt, werden insbesondere Lehrer gern auf die Landesbibliothek am Ort zurückgreifen. Für Benutzer mit ausgesprochen wissenschaftlichen Arbeiten auf Gebieten, in denen die Landesbibliothek stark ist, wird sie zur *Gebrauchsbibliothek.*

Schüler und Studenten am Ort werden sich auf jeden Fall über die Landesbibliothek und ihre Möglichkeiten informieren. Landesbibliotheken an *Hochschulorten* haben, zumindest auf vielen Fachgebieten, erhebliche Bedeutung für die Hochschule. Hochschullehrer und Studenten greifen auf sie zurück.

Für die Benutzer „im Land", vor allem in den Mittel- und Kleinstädten, ist die Landesbibliothek Ergänzungs- oder auch Gebrauchsbibliothek. Im Prinzip hat die Landesbibliothek ihre Hauptaufgabe in der *Versorgung des Landes* mit derjenigen Literatur, die örtlich nicht vorhanden ist. Die städtischen Büchereien sind mit der Landesbibliothek im Leihverkehr verbunden; es gibt aber auch direkte Verbindung der Landesbibliothek mit einzelnen Benutzern im Lande.

d) Nationale Zentralbibliotheken

Als *Nationalbibliothek* im umfassenden Sinne wird eine Bibliothek bezeichnet, die das nationale Schrifttum eines Staates vollständig, das ausländische Schrifttum in erheblichem Umfang sammelt, erschließt und bereitstellt. Durch zentrale Dienste — Nationalbibliographie, Titeldrucke, gedruckte Gesamt- oder Sonderkataloge — erfüllt sie eine wichtige Funktion für alle Bibliotheken im Staat. Für den Benutzer ist wichtig, daß sie infolge ihrer umfassenden Bestände fast alle Literaturwünsche erfüllen kann.

Im *„Deutschen Reich"* hat es eine umfassende Nationalbibliothek nicht gegeben. In Leipzig gab es die *„Deutsche Bücherei"*, die seit 1913 das deutsche Schrifttum vollständig sammelte und die „Deutsche Nationalbibliographie" bearbeitete. In Berlin gab es die Preußische Staatsbibliothek, die in mancher Hinsicht die Funktion einer Nationalbibliothek ausübte. Die „Deutsche Bücherei" wird heute in der DDR als „Nationalbibliothek" bezeichnet, die ehemals Preußische Staatsbibliothek Unter den Linden heißt heute *Deutsche Staatsbibliothek.*

In der Bundesrepublik wurde 1946 die *„Deutsche Bibliothek"* in Frankfurt gegründet, die die gleiche Aufgabe wie die Deutsche Bücherei in Leipzig hat. Sie gibt die „Deutsche Bibliographie" heraus.

Auf der Grundlage der in Westdeutschland ausgelagerten Bestände der Preußischen Staatsbibliothek entstand in Marburg/Lahn die „Westdeutsche Bibliothek", die 1962 als *„Staatsbibliothek"* der *„Stiftung Preußischer Kulturbesitz"* eingegliedert wurde. Sie erhält derzeit in West-Berlin den größten Bibliotheksneubau Europas.

Streng genommen eine Landesbibliothek, tatsächlich aber wegen ihrer umfangreichen Bestände eine Bibliothek von nationaler Bedeutung ist die *Bayerische Staatsbibliothek* in München.

Aus verschiedenen Gründen können diese Bibliotheken eine Nationalbibliothek mit allen Funktionen nicht ersetzen. Um Mängeln abzuhelfen, wurden in den letzten Jahren *Fachliche Zentralbibliotheken* eingerichtet. Die bedeutendste ist die „Technische Informationsbibliothek" in Hannover. Die für Landbauwissenschaften wird bei der Universitätsbibliothek Bonn, die für Medizin bei der Universitätsbibliothek Köln geführt. Die Bibliothek des Instituts für Weltwirtschaft in Kiel wird zur Zentralbibliothek für Wirtschaftswissenschaften ausgebaut.

Die genannten Bibliotheken sind, in den Grenzen ihrer Funktion, für Benutzer am Ort natürlich von erheblicher Bedeutung; wenn andere Bibliotheken am Ort dem Bedarf nicht genügen, wird er auf diese Bibliotheken zurückgreifen. Sie können aber auch von auswärts beansprucht werden. Sie sind alle dem *Leihverkehr* der Bibliotheken angeschlossen; die Deutsche Bibliothek gibt jedoch nur solche

Bücher in den Leihverkehr, die an keiner anderen Bibliothek der Bundesrepublik vorhanden sind. Die genannten Zentralbibliotheken leihen nicht nur an Bibliotheken aus, sondern auch an Institute und Firmen, nicht jedoch an Einzelbenutzer direkt. Einzelbenutzer mit spezielleren wissenschaftlichen Arbeiten mit erheblichem Literaturbedarf werden häufig die für sie einschlägigen zentralen Bibliotheken aufsuchen und für kürzere oder längere Zeit am Ort benutzen müssen.

2. Die Bibliotheken der Bildungseinrichtungen

Die Bedeutung der Bildungseinrichtungen für die Entwicklung der Gesellschaft wird zunehmend größer. Es entstehen neue Schul- und Hochschultypen und die Zahl derer, die höhere oder weiterführende Bildungseinrichtungen besuchen, wächst in steigendem Maße. Dabei erfahren Bildung und Ausbildung eine „Verwissenschaftlichung" auch dort, wo sie bisher dem wissenschaftlichen Bereich noch nicht angehörte. Es entwickeln sich im Schul- und Hochschulwesen *neue didaktische* Methoden, die zu neuen Strukturen der Einrichtungen selbst führen. Es werden auch neue *Medien* eingesetzt, von denen gelegentlich gesagt wird, daß sie die Literatur verdrängen. Tatsächlich zeigt sich aber überall ein erhöhter *Literaturbedarf*, und es ist in absehbarer Zeit kaum damit zu rechnen, daß er sinkt. Vielfach wird überhaupt erst heute damit begonnen, die Literaturarbeit *planmäßig* in den didaktischen Prozeß einzubeziehen. So wächst die Bedeutung der Bibliothek in den Bildungseinrichtungen beträchtlich, und Schüler und Studenten sind darauf angewiesen, sie effektiv zu benutzen.

a) Schul-, Berufs- und Fachschulbibliotheken

In der Bundesrepublik sind Schulbibliotheken im echten Sinne noch wenig entwickelt. Es gibt *„Schülerbüchereien"* für die unteren Stufen, *„Lehrerbüchereien"* für Lehrer und Schüler der Oberstufe. Schon aus ökonomischen Gründen ist ihre Leistungsfähigkeit begrenzt, und die Schüler sind auf die öffentlichen Büchereien angewiesen. Diese haben sich vielfach, mit mehr oder weniger Erfolg, um die Einrichtung von *Jugendbüchereien in Schulzentren* bemüht. Bewährt hat sich allgemein die Einrichtung von Büchereien in *Berufsschulzentren*. Sie werden insbesondere in den großen Pausen stark benutzt. Die planmäßige Einbeziehung der Literaturarbeit in den Unterricht steht aber noch in den Anfängen.

Mit der Entwicklung größerer Schuleinheiten, z. B. der *Gesamtschule*, wird es zu effektiven *Schulbibliotheken* kommen, da hier die ökonomische Grundlage groß genug ist. Trotzdem werden auch größere Schulbibliotheken den Bedarf für die Oberstufenschüler nicht decken, die also weiterhin auch Benutzer der zentralen Stadtbibliotheken sein werden. Schon aus diesem Grunde ist es zweckmäßig, wenn die Schulbibliotheken dem städtischen Bibliothekssystem ein- oder jedenfalls angegliedert sind. Die allgemeinen Erschließungsmethoden sollten die gleichen sein.

Schüler der Oberstufe werden die Möglichkeiten, die die Schulbibliothek bietet, ausnutzen, aber sie werden sich nicht damit begnügen können. Sie werden die zentrale Stadtbibliothek und ggf. andere Bibliotheken am Ort in Anspruch nehmen. Das gilt in erhöhtem Maße für die Lehrer aller Schulgattungen.

In diesem Zusammenhang ist auf die *zentralen Lehrerbüchereien* hinzuweisen. Sie sind als Selbsthilfemaßnahme der Lehrerschaft entstanden in einer Zeit geringer Leistungsfähigkeit des öffentlichen Büchereiwesens — insbesondere auf dem Lande — sowie der begrenzten oder auch sich selbst begrenzenden Aufgabenstellung der Landesbibliotheken. Die Lehrerbüchereien haben sich erfolgreich für die Literaturversorgung der Lehrer auf dem Lande, zumal im Zusammenhang mit der Vorbereitung auf die 2. Lehrerprüfung eingesetzt. Sie sind also vor allem Versandbibliotheken. Eine hervorragende Rolle spielt die Pädagogische Zentralbibliothek in Dortmund.

b) Hochschul- und Universitätsbibliotheken

Die Bibliotheken der aus den höheren Fachschulen hervorgegangenen *Fachhochschulen* sind, von wenigen Ausnahmen abgesehen, in ihrem Bestand und ihrer Leistungsfähigkeit noch unzureichend. Die Literaturversorgung der Studenten ist vielfach nicht gesichert, da auch die öffentlichen Bibliotheken auf den einschlägigen Fachgebieten häufig noch nicht genügend ausgestattet sind. Eine günstigere Situation liegt dort vor, wo eine Universität oder Technische Hochschule am Ort ist, deren Bibliothek sich auch auf den Literaturbedarf dieser Studenten eingestellt hat.

Studenten an Fachhochschulen werden die Möglichkeiten ihrer Hochschulbibliothek ausnutzen, sich aber zugleich über das Bibliothekswesen am Ort informieren, um sich ggf. auch der Kapazität anderer Bibliotheken zu bedienen, auch wenn diese sich nicht immer als besonders „einladend" erweisen. Natürlich werden sie primär darauf dringen, daß die eigene Hochschulbibliothek besser ausgestattet wird.

In der Regel sind die Bibliotheken der *künstlerischen Hochschulen* ebenfalls nicht zureichend leistungsfähig. Auch hier sind die Studenten vielfach auf die Benutzung anderer Bibliotheken am Ort angewiesen, wenn ein spezieller Bedarf an Literatur, Bildern, Dias, Musikalien oder Schallplatten auftritt. Günstig ist, daß sich die öffentlichen Bibliotheken zumeist gerne auf diesen Bedarf einstellen.

Bei den *Pädagogischen Hochschulen* war das Bibliothekswesen lange Zeit unterentwickelt. Seitdem sie den Status der wissenschaftlichen Hochschule erreicht haben, wird an den verstärkten Ausbau der Bibliotheken gedacht. Dennoch werden die Studenten dieser Hochschulen noch für lange Zeit auf andere Bibliotheken am Ort oder auf den Leihverkehr angewiesen sein.

Die Bibliotheken der älteren *wissenschaftlichen Spezialhochschulen* — landwirtschaftliche, medizinische, veterinärmedizinische, wirtschaftswissenschaftliche — sind in der Regel vom Bestand her recht gut ausgestattet. In der Struktur sind sie zumeist noch traditionell. Nur bei Neugründungen — wie Hannover und Ulm — werden neue Wege beschritten.

Die Situation bei den *Technischen Hochschulen* ist ähnlich. Der Tendenz zur Öffnung der Bestände ist bei einigen Neubauten in gewissem Umfang Rechnung getragen. Besonders bewährt hat sich die Einrichtung von Lehrbuchsammlungen: Viel benötigte Lehrbücher werden in vielen Exemplaren angeschafft und freizugänglich bereitgestellt. Auch wird der Zugang zu den Zeitschriften, die in Technik und Naturwissenschaften besondere Bedeutung haben, vielfach geöffnet. Die Möglichkeit, sich Kopien der benötigten Aufsätze selber herzustellen, ist heute wohl überall gegeben.

Die Entwicklung der Technischen Hochschulen zu *Technischen Universitäten* ist in der Bundesrepublik in vollem Gange. Für die Bibliotheken ist es ohne Bereitstellung größerer Mittel nicht möglich, die Entwicklung zeitgerecht mitzuvollziehen. Studenten geisteswissenschaftlicher Fächer sind in beträchtlichem Umfang auf andere Bibliotheken am Ort angewiesen.

Vielfach werden an den Technischen Universitäten die unerfreulichen Bibliotheksverhältnisse an den bestehenden *Universitäten* wiederholt. Diese sind durch den Dualismus von Universitätsbibliothek und Institutsbibliotheken gekennzeichnet. Da die alten Universitätsbibliotheken sich immer mehr zu geschlossenen Bibliotheken entwickelt haben, tendiert der Student zumeist primär zur freizugänglich gehaltenen Institutsbibliothek. Erst wenn es gar nicht mehr anders geht, benutzt er die Universitätsbibliothek. Sicherlich sollten Enttäuschungen, die verständlich sind, nicht zu unrationellem Verhalten führen. Die Universitätsbibliotheken sind zwar zumeist umständlich zu benutzen, doch ist ihr Bestand in der Regel recht gut, und es wäre falsch, sich den Weg zu ihm selbst zu versperren. Das schließt nicht aus, auf größere Offenheit der Bibliothek bei den verantwortlichen Stellen zu dringen.

Bei den *neuen Universitäten* wird überall versucht, zu einem einheitlichen Bibliothekssystem zu kommen. Es sind verschiedene Modelle entwickelt worden, über deren Vorzüge und Nachteile wohl erst in geraumer Zeit einiges gesagt werden kann. Jedenfalls zeichnen sich hier Möglichkeiten intensiverer Bibliotheksarbeit ab. Rückwirkungen auf die alten Universitäten sind zu erwarten. Hinsichtlich des Bestandes werden die neuen Universitätsbibliotheken nicht ohne Lücken sein, die zu schließen einige Zeit dauern wird. Sind andere Bibliotheken am Ort, so wird sich der Student über ihre Leistungsfähigkeit orientieren und sie ggf. ausnutzen.

Allen wissenschaftlichen Hochschulen ist gemeinsam, daß sie nicht nur dem *Studium,* sondern auch der *Forschung* dienen. Die Hochschulbibliotheken müssen daher auch Forschungsbibliotheken sein und bei ihrem Bestandsaufbau die Forschungsinteressen berücksichtigen. Dabei wird hauptsächlich an den Lehrkörper und die wissenschaftlichen Mitarbeiter gedacht. Jedoch kommt dieser Bestand auch den älteren Studenten und Kandidaten zugute. Freilich darf hierüber nicht die Gebrauchsliteratur für die jüngeren Studenten vernachlässigt werden. So werden jetzt auch an Universitätsbibliotheken Lehr- oder Gebrauchsbuchsammlungen aufgebaut.

Die moderne Entwicklung auf dem „Tertiären Bildungssektor" führt auch in der BRD zur *Gesamthochschule*. Die Bibliotheken der Gesamthochschule werden ein System bilden, das ein Höchstmaß an Erschließung bietet.

Abschließend ist darauf hinzuweisen, daß auch die gut ausgestattete Hochschulbibliothek nicht jeden Bedarf dekken kann. Bei allzu speziellen Wünschen oder bei Massenansturm ist sie überfordert. Der Benutzer hat das Recht, seiner Bibliothek gegenüber Forderungen zu stellen, und es liegt auch im Interesse der Bibliothek, daß er sie stellt — leider macht er von seinem Recht viel zu wenig Gebrauch. Aber es ist gut, wenn er sich über die „Bibliothekslandschaft" am Ort oder im Umkreis informiert, um Reserven mobilisieren zu können. Bei Massenbedarf sind es häufig die öffentlichen Bibliotheken, auf die zurückgegriffen werden kann, bei speziellem Bedarf die Spezialbibliotheken.

3. Spezialbibliotheken

Spezialbibliotheken sind dem allgemeinen Bibliotheksbenutzer zumeist unbekannt, obwohl es größere Mengen von ihnen gibt. Das liegt in der Natur der Sache: Spezialbibliotheken sind für die Angehörigen bestimmter Institutionen, einen vergleichsweise eng begrenzten Benutzerkreis bestimmt; sie sind zumeist auch fachlich spezialisiert.

Manche Spezialbibliotheken haben einen beträchtlichen Umfang und teilweise öffentlichen Charakter angenommen, andere sind soweit liberalisiert, daß sie Benutzung in der Bibliothek bei begründetem Anlaß gestatten. Es ist daher auch für den allgemeinen Bibliotheksbenutzer, wenn er sich mit einem Spezialgebiet befaßt, günstig, zu wissen, welche Arten von Spezialbibliotheken es gibt, welche am Ort sind oder welche es für bestimmte Spezialitäten gibt.

Die erste Gruppe sind die Parlaments-, Behörden- und Gerichtsbibliotheken. *Parlamentsbibliotheken* gibt es natürlich nur an Orten, an denen es Parlamente gibt, also in

Bonn und in den Landeshauptstädten sowie den Stadtstaaten der Bundesrepublik. Wie sich versteht, sind sie in erster Linie zur Information der Parlamentarier eingerichtet; juristische und politische Literatur steht im Vordergrund. Besonders stark sind sie in Gesetzblättern, Parlamentsberichten, Statistiken, amtlichem Schrifttum überhaupt. Für spezielle Arbeiten wird der Benutzer hier viel Material finden, das in allgemeinen Bibliotheken nicht selten fehlt.

Ähnliches gilt für die *Behördenbibliotheken.* Freilich gibt es hier nicht nur quantitative, sondern auch strukturelle Unterschiede. Die Bibliotheken der Bundesministerien sind natürlich wesentlich umfangreicher als die der Länderministerien. Alle Ministerialbibliotheken haben einen Grundbestand an juristischer und Verwaltungsliteratur, die Bibliotheken der Fachministerien darüber hinaus Fachliteratur. Von erheblicher wissenschaftlicher Bedeutung können die Bibliotheken von Bundes- oder Landesämtern sein, z. B. auf dem Gebiet des Patentwesens, der Statistik oder bestimmter Gebiete der angewandten Wissenschaften. Kommunale Verwaltungsbibliotheken sind in der Regel im Umfang begrenzt; an manchen Orten, an denen die öffentliche Bibliothek noch wenig entwickelt ist, kann der allgemeine Benutzer bei der Verwaltungsbibliothek jedenfalls einen Versuch machen. Im allgemeinen sind die Behördenbibliotheken weniger zugänglich als die Parlamentsbibliotheken, jedoch werden in begründeten Fällen Ausnahmen gemacht.

Die *Gerichtsbibliotheken* haben, wie sich versteht, im wesentlichen juristische Bestände. Die der Bundesgerichte sind bedeutend, aber auch die Obergerichte verfügen häufig über umfangreiche Sammlungen, z. T. von historischem Wert. Bei den übrigen Gerichten spielen Zufallsmomente eine Rolle. Im allgemeinen können Studenten, aber auch Rechtsanwälte, die Gerichtsbibliotheken benutzen, wenn sie ein berechtigtes Interesse geltend machen können.

Hinzuweisen ist auf die Bibliotheken der *Kulturinstitute* wie Museen, Archive, Theater, Auslandshäuser usw. Sie stehen einschlägig Arbeitenden oder Interessierten offen.

Von erheblicher Bedeutung sind die Bibliotheken der wissenschaftlichen oder technischen Forschungs-, Entwicklungs- oder Prüfungsanstalten, -anlagen oder Institute. Diese *Forschungsbibliotheken* können zumeist auch von Nicht-Institutsangehörigen benutzt werden, wenn sie sich entsprechend wissenschaftlich ausweisen.

Firmenbibliotheken sind branchenbezogene Gebrauchsbibliotheken, nicht selten aber auch wichtige Forschungsbibliotheken. Für Nicht-Firmenangehörige ist die Benutzungserlaubnis nicht immer ganz leicht zu erreichen, wird in besonders gelagerten Fällen jedoch erteilt.

Bei *Verbands-, Gesellschafts- und Vereinsbibliotheken* ist die Situation natürlich ähnlich, da sie für die Mitglieder bestimmt sind. Nicht selten wird jedoch eine liberale Benutzungspolitik getrieben. In die Kategorie dieser Bibliotheken gehören neben recht unbedeutenden Sammlungen auch solche von erheblicher Wichtigkeit.

Bei den *medizinischen Bibliotheken* ist die Situation recht unterschiedlich. Die wichtigsten sind im Bereich von Universitäten angesiedelt. In städtischen Kliniken sind Umfang und Güte der Sammlung meist zufallsbedingt. Städtische medizinische Zentralbibliotheken, zu denen auch freipraktizierende Ärzte und Studenten freien Zutritt haben, gibt es in der Bundesrepublik noch nicht.

Eine Übersicht über *Spezialbibliotheken am Ort* geben örtliche gedruckte Bibliotheksführer, die jedenfalls in der städtischen Zentralbibliothek einzusehen sind. Ist ein gedruckter Führer nicht vorhanden, so wird eine Adressenliste vorhanden sein oder entsprechende Anfragen können mündlich beantwortet werden. Für die Bundesrepublik gibt es ein *Verzeichnis der Spezialbibliotheken* von 1965.

4. Bibliothekssystem und Informationsnetzwerk

Das Wort „System" wird heute häufig und in vielerlei Zusammenhang gebraucht. So wurde hier vom Bibliothekssystem der Bundesrepublik, aber auch von einzelnen Bibliothekssystemen, z. B. einer Stadt oder einer Universität, gesprochen. Gemeint ist in jedem Fall, daß mehrere Bibliotheken in einem organisatorischen oder jedenfalls strukturellen Zusammenhang stehen, daß sie Teile eines gegliederten, strukturierten Ganzen sind. Nun wurde jedoch auch schon die einzelne Bibliothek als System bezeichnet, und zwar als *Informationssystem,* während die Bibliotheken zusammen ein Informationsnetzwerk bilden.

Informationssystem ist die Bibliothek insoweit, als in ihr publizierte Dokumente gesammelt, gespeichert und wieder ausgegeben werden, die Informationen enthalten. Durch ihr Erschließungssystem gibt sie „Information über Informationen". Sie verarbeitet die Daten, durch die die Dokumente charakterisiert sind, macht sie „wiederauffindbar" und bringt so ihren Informationsgehalt zur Geltung. Durch „aktive Information" — breit gestreute wie gezielt eingesetzte — macht sie jenen Gehalt kommunikativ wirksam.

Durch den Einsatz der *elektronischen Datenverarbeitung* werden neue Wege der Informationsvermittlung möglich. Zunächst einmal wird die Erschließungsarbeit rationalisiert, die „Information über Informationen" verbessert. Der nächste Schritt ist die „Automatisierung" dieser Vorgänge. Der entscheidende Schritt wird aber erst getan, wenn nicht nur Information über Informationen erteilt, sondern die Informationen selbst über Computersysteme abrufbar gemacht worden sind. Sicherlich werden spezielle Datenbanken in absehbarer Zeit in Betrieb sein. Bis aber der gesamte Informationsgehalt ganzer Bibliotheken elektronisch gespeichert und in direktem Zugriff erschließbar sein wird, vergeht sicher noch sehr viel Zeit. Der Bibliotheksbenutzer, der von der „Bibliothek der Zukunft“ gehört hat, vielleicht auch nähere Kenntnis von den technischen Möglichkeiten hat, wird sich damit abfinden müssen, bis auf weiteres noch Bibliotheken der Gegenwart zu benutzen — *nicht* abfinden sollte er sich aber damit, daß es in Deutschland immer noch „Bibliotheken der Vergangenheit“ gibt.

Als *Informationsnetzwerk* kann man den Verbund von Informationssystemen bezeichnen. In Deutschland haben die Bibliotheken schon lange bevor der Name aufkam ein „Netzwerk“ gebildet: gemeint ist der Leihverkehr der Bibliotheken, durch den die einzelne Bibliothek instandgesetzt wird, Bücher anderer Bibliotheken ihren Benutzern zur Verfügung zu stellen. Obwohl „regionale Zentralkataloge“ als Steuerzentralen eingesetzt sind, arbeitet dieses Netzwerk immer noch ziemlich langsam. Es werden nun überall Anstrengungen gemacht, das System zu verbessern. So soll an die Stelle der Briefpostbestellung die Fernschreibbestellung treten. Der Postversand wird vielleicht durch motorisierten Transportdienst ersetzt. Es sollen jedoch auch wenigstens kürzere Texte — z. B. Zeitschriftenaufsätze — nachrichtentechnisch, d. h. in wenigen Minuten durch Telefaksimileschreiber übertragen werden. Das Ideal wäre, die Zentralkataloge durch Computersysteme zu ersetzen, die in Sekundenschnelle ermitteln könnten, wo ein bestimmter Titel greifbar ist, und die Übermittlung in Gang setzen würden. Die Krönung des Ganzen wäre ein Computerverbundsystem, das statt der Titel Texte, also unmittelbar Informationen liefern würde. Auch hier handelt es sich um Zukunft, die zwar in speziellen und experimentellen Verhältnissen schon begonnen hat, im ganzen aber doch noch recht ferne liegt. Die Einsicht in die Zeitrelationen schließt natürlich nicht aus, daß an der Entwicklung zukünftiger Möglichkeiten gearbeitet wird.

Für den Bibliotheksbenutzer der Gegenwart ist in diesem Zusammenhang wichtig zu wissen, daß er Literatur, die am Ort nicht vorhanden ist, im *auswärtigen Leihverkehr* bestellen kann; daß er kürzere Texte für relativ geringe Gebühr als *Kopie* erhält; daß er in Bibliotheken mit Telexanschluß den Vorgang, gegen eine etwas größere Gebühr, beschleunigen kann; daß in der Bundesrepublik bisher weder Telefaksimileübertragung möglich ist, noch Literaturbanken bestehen. Auf die technischen Möglichkeiten wird in Abschnitt V noch einmal eingegangen.

III. Äußere Voraussetzungen der Bibliotheksbenutzung

Wer eine Bibliothek benutzen will, muß in der Regel einige äußere Voraussetzungen erfüllen. Es ist für den Benutzer durchaus wichtig, sich über diese äußeren Voraussetzungen zu orientieren oder sich darauf einzustellen, um keine Überraschungen zu erleben, die sich in kritischen Situationen — z. B. bei Examensvorbereitungen oder befristetem Aufenthalt am Bibliotheksort — unangenehm auswirken können.

1. Formalitäten

Bei den meisten öffentlichen Bibliotheken ist die *Benutzung in der Bibliothek* nicht an Formalitäten gebunden. Dasselbe gilt für die zentralen Universitätsbibliotheken. Jedoch gibt es gelegentlich noch Ausnahmen: ein Benutzungsausweis oder irgend ein anderer Berechtigungsausweis muß vorgezeigt werden. Die Benutzung von Instituts- und Seminarbibliotheken der Universitäten setzt zumeist die Zugehörigkeit zum Institut voraus, die durch eine Institutskarte auszuweisen ist. Bei Spezialbibliotheken, die in der Regel nur für Angehörige der Institution oder Firma bestimmt sind, ist die Benutzung in begründeten Einzelfällen an eine besondere persönliche Erlaubnis gebunden, die beim Bibliotheksleiter einzuholen ist. Für die Benutzung von Spezialabteilungen sehr großer Bibliotheken, z. B. von Handschriftenabteilungen, gelten zumeist Sonderbestimmungen.

Während die Literaturbenutzung in der Bibliothek, von den erwähnten Ausnahmen abgesehen, informell geschieht, ist für die *Ausleihe von Büchern* oder sonstigen Bibliotheksmaterial eine Benutzerkarte oder ein anderer entsprechender Ausweis erforderlich.

Bei städtischen öffentlichen Bibliotheken genügt für die Einwohner der Stadt in der Regel die Vorlage des *Personalausweises,* um eine Benutzerkarte zu erhalten. Diese ist dann beim Ausleihvorgang vorzuzeigen. Zumeist erhalten auch Einwohner des näheren Umlandes auf Grund ihres Personalausweises eine Benutzerkarte. Bei Einwohnern entfernterer Orte entstehen oft größere Formalitäten. In einer solchen Situation befinden sich häufig Studenten, deren Hauptwohnsitz nicht der Hochschulort ist, aber auch „Fahrschüler" usw. Hier wird nicht selten noch eine Bürgschaft durch einen „angesehenen" Bürger der Stadt gefordert. Minderjährige Schüler müssen häufig eine entsprechende Erklärung der Eltern vorlegen. Neuerdings zeichnet sich eine großzügigere und zugleich rationellere Handhabung ab: jeder Bibliotheksbenutzer mit gültigem Benutzerausweis einer Stadtbibliothek sollte in jeder anderen Stadtbibliothek entleihen können oder ohne Formalitäten einen Benutzerausweis bekommen, wenn ein solcher technisch erforderlich ist. Es wird angestrebt und vielfach schon praktiziert, Benutzerausweise ohne Bürgschaft oder Elternerklärung jedenfalls auch an minderjährige, aber geschäftsfähige Jugendliche auf der Grundlage des Personalausweises auszugeben. Die staatlichen öffentlichen Bibliotheken sollten sich dieser Regelung anschließen.

Bei Universitätsbibliotheken gilt vielfach der *Studentenausweis* oder ein entsprechender Ausweis für Universitätsangehörige als Benutzerausweis. Gelegentlich ist aus technischen Gründen eine besondere Benutzerkarte erforderlich, die auf Grund des Universitätsausweises ausgestellt wird. Etwas komplizierter ist es, wenn Angehörige anderer Hochschulen oder überhaupt Nicht-Universitätsangehörige von der Universitätsbibliothek ausleihen wollen. Hier wird die Ausgabe von Benutzerkarten häufig noch an besondere Voraussetzungen geknüpft, die nicht nur formal sind, sondern auch den Nachweis „ernsthafter wissenschaftlicher Arbeit" beinhalten. Nun ist eine Universitätsbibliothek zweifellos primär den Universitätsangehörigen verpflichtet und auch in ihrem Bestand und ihrer Struktur auf die Universitätsangehörigen eingestellt; ein Nicht-Universitätsangehöriger wird sie auch nur dann benutzen, wenn die Stadtbibliothek am Ort seinen Bedürfnissen nicht genügt. Sicherlich ist es auch gut, wenn ein solcher Benutzer im Gespräch mit der Auskunft seine Wünsche präzisiert, aber von dem Nachweis der „Ernsthaftigkeit" seines Anliegens sollte in einer modernen Universitätsbibliothek abgesehen werden. Wird in Bibliotheken älteren Stils an dieser Forderung festgehalten, ist es gut, wenn der „Bewerber" Gründe parat hat.

Vielfach werden in solchen Fällen auch *Benutzungsgebühren* gefordert, während die Universitätsangehörigen die Bibliothek gebührenfrei benutzen. In kommunalen öffentlichen Bibliotheken setzt sich die Gebührenfreiheit immer mehr durch, bei staatlichen wird zumeist noch daran festgehalten. Obwohl der Grundsatz der Gebührenfreiheit gelten sollte, muß mit der Möglichkeit gerechnet werden, daß viele Bibliotheken noch Benutzungsgebühren erheben. Wer eine Bibliothek benutzen will, muß sich jedenfalls darauf einstellen. So sollte jeder, der eine Bibliothek erstmalig benutzen will, seinen *Ausweis* und *genügend Geld* bei sich haben, um eine Benutzerkarte erwerben zu können, da sich sonst unliebsame Verzögerungen ergeben. Zu beachten ist auch, daß die Benutzerkarten oder -ausweise in der Regel befristet ausgestellt werden; der Benutzer muß sich also auf die Notwendigkeit einer *Verlängerung* der Gültigkeitsdauer unter den gegebenen Bedingungen einstellen. Daß er seinen Benutzerausweis nicht vergessen darf, wenn er ausleihen will, versteht sich von selbst. Überhaupt handelt es sich hier ja um Selbstverständlichkeiten, aber sie müssen erwähnt werden, da immer wieder zu beobachten ist, daß auch Selbstverständlichkeiten übersehen werden.

2. Benutzungsordnung

Erhält jemand eine Benutzerkarte, so wird ihm zugleich die *Benutzungsordnung* überreicht. Diese kann öffentlichrechtlicher oder privatrechtlicher Natur sein. Wird sie von der Bibliothek selbst erlassen, hat sie in der Regel privatrechtlichen Charakter. Der Benutzer ist an sie gebunden, wenn er sie durch seine Unterschrift anerkennt. Ist sie jedoch von einer Behörde oder öffentlichen Körperschaft erlassen oder ist die Bibliothek selbst selbständige öffentliche Anstalt, so gilt sie auch ohne ausdrückliche Anerkennung durch den Benutzer.

Die Benutzungsordnung legt die *Rechte* und *Pflichten* des Benutzers fest. Der Benutzer hat nicht nur das einfache Recht auf Benutzung der Bibliothek, ihrer Einrichtungen und Bestände, sondern auch Anspruch darauf, daß das Bibliothekspersonal ihn in seinen Bemühungen unterstützt. Natürlich gibt es hier praktische Grenzen. So kann die Bibliothek verlangen, daß er die gewünschte Literatur an den Katalogen oder im Regal selbst ermittelt, soweit er es vermag. Ferner muß er sich an die *Öffnungszeiten* halten. Auch die *Leihfrist* ist in der Regel begrenzt. Innerhalb dieser Leihfrist hat er freilich einen Rechtsanspruch auf die Verfügung über das Buch, es sei denn, die Benutzungsordnung sieht begründete Ausnahmeregelungen vor. Er hat auch ein Recht auf Vertraulichkeit der Ausleihe, d. h. die Bibliothek darf keinem anderen Benutzer mitteilen, welche Bücher er entliehen hat.

Daß Bücher nicht beschädigt werden dürfen, daß für Schäden oder Verlust *Ersatz zu leisten* ist, erscheint auch als selbstverständlich, jedoch ist es gut, wenn die Benutzungsordnung Bestimmungen über das Verfahren enthält, damit Streitigkeiten vermieden werden. Besonders wichtig sind die Bestimmungen über die Leihfrist und das Verfahren bei *Fristüberschreitungen.* Zumeist gibt es eine Normalfrist, daneben aber auch kurzfristige oder langfristige Entleihungen. Bei kurzfristigen Entleihungen — über Nacht, übers Wochenende, über Feiertage usw. — ist eine *Fristverlängerung* aus der Natur der Sache heraus nicht möglich. Bei normaler — drei- bis vierwöchiger — Leihfrist ist zumeist einmalige oder mehrmalige Verlängerung möglich, sofern keine *Vorbestellung* durch einen anderen Benutzer vorliegt. Die Benutzungsordnung regelt, ob die wiederholte Verlängerung im Interesse anderer Benutzer eingeschränkt werden kann, auch wenn eine Vormerkung nicht vorliegt. Jedenfalls ist es nicht sinnvoll, wenn Bücher bei Benutzern herumliegen, offenbar ohne benutzt zu werden. Dieses ist nicht selten der Fall, wenn Bibliotheken zwar eine Leihfrist setzen, auf Überschreitungen der Frist aber nicht oder erst nach längerer Zeit oder bei Eingehen einer Vorbestellung reagieren. Vielfach hängt das Verhalten der Bibliothek vom gewählten Registrierverfahren ab. Grundsätzlich soll dieses Verfahren das Überschreiten der Leihfrist anzeigen, so daß eine Mahnung oder Erinnerung versandt werden kann.

Im allgemeinen setzt die Benutzungs- bzw. Gebührenordnung eine *Gebühr* fest, wenn das ausgeliehene Buch über die Leihfrist hinaus behalten wird. In der Regel wird eine *Mahngebühr* gefordert, die bei Abgabe des Buches zu zahlen ist. Ist eine zweite Mahnung erforderlich, wird die Gebühr entsprechend höher festgesetzt. Wird auch dann das Buch nicht zurückgegeben, erfolgen weitere Schritte bis hin zu gerichtlicher Verfolgung wegen Unterschlagung. Wesentlich empfindlicher als das gebührenpflichtige Mahnverfahren trifft die *Versäumnisgebühr* den Geldbeutel. Hier ist pro Tag der Fristüberschreitung ein bestimmter Betrag zu zahlen. An die Stelle der Mahnung tritt eine „freundliche" Erinnerung, auf die der Benutzer Anspruch hat, wenn sie in der Benutzungs- bzw. Gebührenordnung vorgesehen ist. Gerade hier zeigt sich, daß der Benutzer die Benutzungsordnung wirklich lesen sollte, denn Versäumnisgebühren können sich bei Nachlässigkeit zu erheblichen Beträgen auflaufen. Bei kurzfristigen Entleihungen werden Fristüberschreitungen häufig mit hohen Versäumnisgebühren bedacht; zumeist erfolgt ein besonderer Hinweis des Bibliothekspersonals, jedoch besteht kein Rechtsanspruch darauf.

Jeder Benutzer hat das Recht auf eine *Rückgabequittung.* Bei einigen modernen Ausleihverbuchungsverfahren ist ihre Ausstellung umständlich, so daß vielfach darauf verzichtet wird. Jedoch gibt es Möglichkeiten, den Benutzer durch Augenschein von seiner Entlastung zu versichern. Eine gewisse Rechtsunsicherheit besteht bei älteren Ausleihverfahren dann, wenn der Leihschein als Bestellschein verwendet wird. Der vorsichtige Benutzer kann seine Unterschrift bis zur tatsächlichen Ausgabe zurückhalten. Jedoch hat sich überall ein Verfahren entwickelt, das zur Zufriedenheit aller funktioniert.

Das Recht des Benutzers, ein ausgeliehenes Buch für sich *vorzubestellen,* besteht allgemein. Das Recht, zu erfahren, wann die Rückgabe eines ausgeliehenen Buches fällig ist, wird jedoch nicht überall gewährt; eine solche Auskunft bedingt nämlich ein aufwendigeres Ausleihregistrierverfahren; außerdem kann eine solche Auskunft natürlich nicht garantieren, daß ein Buch tatsächlich bis zum Fälligkeitstage zurückgegeben wird. Trotzdem wird besonders in Universitätsbibliotheken, deren Benutzer häufig Terminarbeiten zu leisten haben, Wert auf diese Auskunftsmöglichkeit gelegt. Der Benutzer sollte von ihr nur Gebrauch machen, wenn er tatsächlich unter Zeitdruck steht. Allerdings bietet die Ausleihregistrierung durch elektronische Datenverarbeitung neuerdings relativ arbeitsunaufwendige, wenn auch z. T. nicht ganz billige Nachweismöglichkeiten.

Das Recht, in der benutzten Bibliothek nicht vorhandene Bücher im *auswärtigen Leihverkehr* zu bestellen, wird dem Benutzer heute generell eingeräumt. Jedoch enthält die *Leihverkehrsordnung* einige Beschränkungen, über die sich die Bibliothek nicht hinwegsetzen kann. So darf Literatur, die in der Bibliothek vorhanden, aber ausgeliehen ist, oder solche, die in einer anderen Bibliothek am Ort vorhanden ist, im auswärtigen Leihverkehr der Bibliotheken *nicht* bestellt werden. Auch neueste Literatur kann vom Leihverkehr ausgeschlossen werden. Überhaupt kann die besitzende Bibliothek im Rahmen der Leihverkehrsordnung Bedingungen stellen, die die bestellende Bibliothek einhalten muß, z. B. die, daß das übersandte Werk oder Dokument „nur im Lesesaal" benutzt werden darf. Ein Antrag des Benutzers auf Befreiung von dieser Einschränkung kann unter besonderen Umständen befürwortend an die verleihende Bibliothek weitergeleitet werden.

Es ist gut, wenn der Benutzer in der Benutzungsordnung auf die Leihverkehrsordnung hingewiesen wird. Natürlich hat er ein Recht, die Leihverkehrsordnung einzusehen.

3. Benutzungsanleitung

Von der Benutzungsordnung ist die Benutzungsanleitung zu unterscheiden, die heute in fast allen Bibliotheken zur Verfügung gestellt wird. Während jene die rechtliche Seite der Bibliotheksbenutzung regelt, gibt jene *praktische Hinweise* für ein sinnvolles Vorgehen bei der Benutzung der Bibliothek; gelegentlich ist sie mit einem *Bibliotheksführer* verbunden, der auch in die Bestände der Bibliothek einführt. Benutzungsordnung und Benutzungsanleitung gemeinsam ist, daß sie vom Benutzer gelesen sein wollen, bevor er die Bibliothek benutzt. Freilich zeigt die Erfahrung, daß das eigentlich Selbstverständliche hier wie dort nicht immer geschieht. So versetzt sich der Benutzer selbst leicht in eine etwas mißliche Lage gegenüber dem Bibliothekspersonal, das dadurch verführt wird, Überlegenheitsgefühle zu entwickeln.

Nun ist eine geschriebene oder gedruckte Benutzungsanleitung in ihrer Wirkung grundsätzlich begrenzt. Viele Bibliotheken veranstalten daher in regelmäßigen Zeitabständen *Führungen* durch die Bibliotheken und *Einführungen in die Bibliotheksbenutzung.* Es kann jedem Bibliotheksbenutzer nur dringend geraten werden, an einer solchen Veranstaltung teilzunehmen. Das gilt natürlich besonders für den „Anfänger". Auch wenn er schon Erfahrung in der Benutzung anderer Bibliotheken hat, ist die Teilnahme nützlich, da jede Bibliothek gewisse Eigenheiten hat, deren Kenntnis Zeitverluste vermeiden hilft. Selbst „alten" Benutzern ist die Teilnahme anzuraten, da es auch für sie fast immer Neues zu erfahren gibt. Das gilt insbesondere dann, wenn die Bibliothek *spezielle Führungen* oder Einführungen durchführt.

Auch die hier gegebene „Einführung in die Bibliotheksbenutzung" kann nicht die konkrete Einführung in die Benutzung einer bestimmten Bibliothek ersetzen. Sie bleibt notwendig allgemein. Freilich kann sie das Verstehen der Benutzungsorganisation und -praxis der einzelnen Bibliothek erleichtern, indem sie die Grundlagen zu klären versucht.

IV. Literaturermittlung

Hat der Benutzer die äußeren Voraussetzungen für die Bibliotheksbenutzung erfüllt, ist der nächste Schritt die Ermittlung der Literatur, die er wünscht. Der Bestand einer Bibliothek ist in jedem Falle so umfangreich, daß ohne bestimmte *Ermittlungsmethoden* das Gewünschte nicht aufgefunden werden kann. Es ist noch einmal darauf hinzuweisen, daß die Ermittlung in kleineren Bibliotheken einfacher ist als in großen. Sind verschiedene Bibliotheken am Ort, wird der Benutzer zu prüfen haben, ob kleinere Bibliotheken vorhanden sind, die seinen Bedürfnissen genügen, bevor er die größere benutzt.

Es gibt grundsätzlich *zwei verschiedene Ausgangssituationen* für die Literaturermittlung. In der ersten sucht der Benutzer ein *bestimmtes Buch oder Dokument,* dessen *„Titelei"* ihm mehr oder weniger genau bekannt ist; in der zweiten sucht er Literatur über einen *bestimmten Gegenstand,* Literatur einer *bestimmten Gattung* oder Veröffentlichungen eines *bestimmten Autors,* ohne Titel im einzelnen zu kennen. In der ersten Situation lautet die Frage: Hat die Bibliothek das und das Buch, oder kann sie es mir beschaffen? In der zweiten: Hat die Bibliothek Literatur über das und das Thema, oder was gibt es überhaupt darüber? Was hat die Bibliothek an Literatur in dieser oder jener Sprache? Welche Schriften hat die Bibliothek von dem und dem Autor, oder was hat der alles geschrieben?

Natürlich gibt es auch *Übergangssituationen,* z. B. wenn die Titelkenntnis sehr vage ist; umgekehrt ist bei der Suche nach den Publikationen eines bestimmten Autors bereits ein sehr wichtiges Titelelement, nämlich der Autor, bekannt.

In der ersten Situation geht es im wesentlichen um den formalen Nachweis, in der zweiten um eine sachliche Recherche. In den Übergangssituationen wird die eine Ermittlungsmethode aushilfsweise für den Zweck der anderen eingesetzt.

1. Formaler Nachweis

Sucht der Benutzer ein bestimmtes, ihm dem Titel nach bekanntes Dokument, so wird er sich zunächst der formalen Nachweismittel der Bibliothek bedienen und zwar primär des *„Alphabetischen Katalogs"*, sekundär der alphabetisch angeordneten *Bibliographien.* Hilfsweise können oder müssen auch *Sacherschließungsmittel* herangezogen werden. Gelegentlich gibt es jedoch auch für bestimmte Literaturkategorien, z. B. Schöne Literatur oder Zeitschriftenbestände, eine *alphabetische Aufstellung.* In diesem Falle ist der Weg über den Katalog nicht erforderlich.

In jedem Fall ist für den Benutzer ausreichende *Titelkenntnis* erforderlich. Hierzu muß er wissen, was überhaupt ein *Titel* ist. Er braucht gewisse Kenntnisse über die *Ordnung der Titel* im alphabetischen Katalog bzw. in der Bibliographie, wenn er diese Instrumente benutzen will. Er muß ferner eine gewisse Technik besitzen, sich Titel zu merken oder zu *notieren,* um sie später auffinden zu können. Auf diese Erfordernisse soll eingegangen werden, bevor die eigentliche Katalog- und Bibliographienbenutzung behandelt wird.

Für die Titelaufnahme und die Ordnung der Titel gibt es bibliothekarische Regeln, die in Regelwerken zusammengefaßt sind. Zu nennen sind hier die „Instruktionen für die alphabetischen Kataloge der preußischen Bibliotheken",

2. Ausg. 1908, die sogenannten „Preußischen Instruktionen“, die hauptsächlich in „wissenschaftlichen Bibliotheken“ angewendet werden, und die „Anweisungen für den alphabetischen Katalog der Volksbüchereien“, Ausg. für große Büchereien und Büchereischulen, 1938, die sogenannten „Berliner Anweisungen“, die hauptsächlich die „öffentlichen Büchereien“ anwenden. Diese älteren Regelwerke sollen durch ein modernes, einheitliches Regelwerk abgelöst werden, das noch nicht vollständig im Druck vorliegt, dessen Prinzipien aber festliegen und das bereits von neuen Bibliotheken angewendet wird. Auf die Unterschiede wird bei den Einzelheiten eingegangen werden.

a) Der Titel

In der Regel ist ein Buch, eine Schrift, ein Dokument mit einem Titel, einer Überschrift versehen. Bei einem Buch steht er zumeist auf dem *Titelblatt.* Leider ist die Normierung der Titelblätter noch nicht so weit fortgeschritten, daß alle wichtigen Angaben auf dem Titelblatt enthalten sind. Vielfach muß man noch die Rückseite des Titelblattes zu Hilfe nehmen, um z. B. das Erscheinungsjahr oder die Auflage festzustellen. Es gibt auch Diskrepanzen zwischen dem *Rückentitel* oder dem *Umschlagtitel* und dem Titelblatt. Maßgebend ist immer das Titelblatt. Es kommt aber auch vor, daß es zwei Titelblätter gibt, z. B. solche in verschiedenen Sprachen, oder bei Bänden aus einem mehrbändigen Werk oder aus einer Serie. Dann ist jeweils das eine primär, das andere sekundär maßgebend.

Der Titel eines Buches oder einer Schrift hat eine Reihe von *Bestandteilen,* die für die weitere Behandlung wichtig sind. Hat die Schrift einen genauen persönlichen Verfasser, so ist der *Name* des *Autors* wichtigster Bestandteil, und zwar in erster Linie der Familienname (Anlage 1 [1a]), dann der Vorname (1b) oder die Vornamen (10, 22, 25 u. a.). Bei antiken (48, 49) oder orientalischen (15, 57, 59) Autoren gelten Sonderregelungen. Wichtig ist, daß bei mittelalterlichen Autoren (45), aber auch bei regierenden Fürsten der Neuzeit (26) der „Vorname" als Hauptname in die erste Linie tritt. Was gemeinhin als „Titel" einer Schrift bezeichnet wird, heißt bibliothekarisch *Sachtitel* (1c). Er kann durch einen *Untertitel* (3a, 5a, 6a) ergänzt sein. Als *Impressum* werden die Angaben über den Erscheinungsort (1d), den Verlag (1e) und das Erscheinungsjahr (1f) bezeichnet. Auf seine Wichtigkeit wird noch einzugehen sein.

Handelt es sich bei der Schrift um eine Neuauflage (26, 62, 71), so wird ihre Zahl — ggf. mit Zusätzen wie „erweitert", „verbessert", „durchgesehen" — angegeben. Bei Werken der Schönen Literatur erscheint häufig an Stelle der Auflage die Angabe nach „Tausend", diese ist unerheblich. Wichtig ist hier nur die Unterscheidung nach *Ausgaben* (37—39), die zumeist nach Verlag, Ort und/oder Herausgeber vorgenommen wird. Überhaupt werden Herausgeber (26, 28, 29), Bearbeiter (35, 69), Übersetzer (7, 15), Illustratoren (72, 74) in der Titelbeschreibung genannt. Bei *Übersetzungen* wird auch der Originaltitel angeführt (13, 15, 33). Wichtig ist auch die Angabe der *Seitenzahl* (1g), während die *Formatangabe* heute vielfach entfällt.

Bei *mehrbändigen Werken* ist natürlich die Bandangabe (33, 60, 69, 77) erforderlich. Haben die einzelnen Bände besondere Titel oder besteht sonst Interesse an einer Inhaltsangabe, so werden sie „aufgeführt" (25, 39, 55).

Ein erheblicher Teil der wissenschaftlichen Literatur erscheint in *Reihen* oder *Serien* (9, 18). Bei den einzelnen Stücken der Serie spricht man vom *Stücktitel* (6, 45, 52, 56 u. a.). Außer den üblichen Titelbestandteilen enthält er, in Klammern gesetzt oder mit = verbunden, den Serientitel; bei „gezählten" Serien muß die Bandnummer hinzugefügt werden; bei „ungezählten" nimmt die Bibliothek gelegentlich eine „künstliche" Zählung vor, die dem Benutzer natürlich im voraus nicht bekannt sein kann.

Mit den bisherigen Angaben über den „Titel" von Schriften ist die Mehrzahl der Fälle abgedeckt. Es gibt jedoch eine große Zahl von *Sonderfällen,* die die Literaturermittlung am Katalog oder in der Bibliographie erschweren. Wenigstens die wichtigsten sollen dargestellt werden.

Hat eine Schrift nicht einen, sondern *mehrere Verfasser* (33, 64, 30), so spielt die Zahl drei eine wichtige Rolle. Bei zwei oder drei Verfassern werden alle drei aufgeführt. Bei mehr als drei Verfassern ist der *Sachtitel* (17, 20, 24) primär maßgebend. Nur der erste Verfasser wird noch genannt, mit der Angabe „u. a.".

Stellt sich bei einer Schrift heraus, daß der Verfasser ein *Pseudonym* gewählt hat, so wird, falls der richtige Name bekannt wird, dieser mit „d. i." hinzugefügt (60).

Bei einer *anonym* (70—72), d. h. einer ohne Verfasserangabe erschienenen Schrift, ist ebenfalls der Sachtitel maßgebend. Früher wurden Schriften, die von *Körperschaften* herausgegeben oder veranlaßt wurden, als anonyme Schriften behandelt (2*, 16*). Heute wird, im Anschluß an internationale Vereinbarungen, auch im deutschen Sprachgebiet der „korporative Urheber" (4, 8, 21, 51) anerkannt. Es wird also häufig nicht mehr der Sachtitel, sondern der Name der Körperschaft bei der Titelaufnahme primär gesetzt. Als Körperschaften gelten Gebietskörperschaften — Staaten, Länder, Gemeinden —, Körperschaften öffentlichen Rechts, also Kirchen, Stiftungen usw., selbständige Institute wie Universitäten, juristische Personen wie Vereine, Gesellschaften, Firmen. Die Ansetzung der Namen dieser Korporationen bietet nicht selten erhebliche Schwierigkeiten.
Das Problem taucht besonders bei *Serien* und *Zeitschriften* auf, die häufig von solchen Korporationen herausgegeben werden. In bestimmten Fällen ist der Name der Körperschaft (4, 8, 14, 21, 51) maßgebend, in anderen Fällen der Sachtitel (9, 12, 19). Persönliche Herausgeber werden sekundär aufgenommen.

Bisher war von sogenannten *bibliographisch selbständigen Einheiten* die Rede. Dazu gehören auch die Stücke von Serien, sofern sie einen Stücktitel haben, nicht aber Aufsätze, Artikel und Beiträge in Zeitschriften und Sammelwerken. Hier handelt es sich um *bibliographisch unselbständige* Dokumente. Nichtsdestoweniger haben auch sie einen Titel, der in der Regel aus Verfasser, Sachtitel und der Angabe der bibliographischen Einheit, in der das Dokument enthalten ist, besteht. Diese Angabe wird mit „In:" an den Sachtitel angehängt. Band und Jahrgang sowie Seitenzahlen von — bis dürfen nicht fehlen (31).

In diesem Zusammenhang ist die Frage der *Abkürzungen* wichtig. Als Grundregel gilt, daß Verfassername und Sachtitel nicht abgekürzt werden dürfen. Enthält die Vorlage selbst Abkürzungen, bemüht sich die Bibliothek bei Namen um Ergänzungen (10, 17, 30 u. a.). Bei den übrigen Bestandteilen der Titelaufnahme können Abkürzungen auftreten (15, 25, 65 u. a.), die zumeist leicht auflösbar sind. Schwierigkeiten ergeben sich bei den Titeln unselbständiger Dokumente. Hier könnte, nach der Grundregel, die Titelangabe der umfassenden selbständigen Einheit abgekürzt werden. Es wird auch zumeist eine Kurzform gewählt. Auf diese Frage wird später noch einzugehen sein.

Hinzuweisen ist noch auf die Tatsache, daß Titel in *nichtlateinischer* Schrift (53, 77, 78) transkribiert werden. Es gibt Regeln für die *Transkription* (Transliteration), die international nicht einheitlich sind. Auch weichen bibliothekarische und verlegerische Transkriptionen voneinander ab (Anlage 2).

b) Ordnung der Titel

Im „Alphabetischen Katalog" sowie in den entsprechenden Bücherverzeichnissen oder Bibliographien ist die Ordnung *alphabetisch*, also nach den Buchstaben des Alphabets. Schon das ist nicht so einfach wie es den Anschein hat.

Zumeist handelt es sich, wie aus dem oben Gesagten hervorgeht, um das *lateinische* Alphabet. Aber selbst dies ist nicht ohne Tücken. Früher wurden I und J als *ein* Buchstabe aufgefaßt (Anlage 1 [24*—30*]), während neuerdings, wie auch sonst üblich, J nach I ordnet (50—55). Die Umlaute ä, ö und ü werden „aufgelöst" und wie ae, oe und ue gelesen (2, 9, 10, 11, 54, 56). Während die Adress- und Telefonbücher sich dieser Regelung angeschlossen haben, setzen die meisten Lexika die Umlaute ihren Grundlauten gleich. Bibliothekskataloge und Bibliographien in Fremdsprachen ohne besonderen Buchstaben für Umlaute verfahren genau so bzw. lassen die Umlautzeichen überhaupt weg. Die skandinavischen Alphabete führen die Umlautbuchstaben am Ende des Alphabets.

Besondere Schwierigkeiten bereitet die Transkription aus nichtlateinischen Alphabeten. Die deutschen bibliothekarischen Transkriptionsregeln folgen nicht, wie die der Verleger, der lautlichen Umschrift, sondern verwenden vorzugsweise einfache Buchstaben mit „diakritischen Zeichen", die bei der Ordnung nicht berücksichtigt werden (s. Anlage 2).

Trotz der erwähnten Schwierigkeiten und Sonderheiten ist die Alphabetisierung als solche in den meisten Fällen einfach, vorausgesetzt, daß man das Alphabet kennt. Bibliothekarisch wichtiger und komplizierter ist die Frage der *Ordnungswirksamkeit* und der *Reihenfolge* der ordnungswirksamen Titelelemente. Auch hier ist die Regelung für die Masse der Titel verhältnismäßig einfach, wenn auch nicht immer ganz so einfach wie zumeist gedacht. Darüber hinaus gibt es aber doch eine beträchtliche Zahl von schwierigen Fällen, von denen jedenfalls einige hier angedeutet werden wollen.

Ziemlich allgemein bekannt ist, daß *Verfasserschriften* unter dem Namen des Verfassers eingeordnet werden. Dabei ist der Familienname erstes, der Vorname zweites

„Ordnungswort" (63—65). Das gilt natürlich nur für Verfasser mit echten Familiennamen, die sich im europäischen Kulturkreis erst seit dem 14./15. Jh. durchgesetzt haben. Dabei ist Namensgebrauch und Schreibung nicht immer einheitlich, was zu Schwierigkeiten führen kann.

Auf einige Sonderheiten sei hier hingewiesen. Die erste betrifft die *Doppelnamen.* Nach den älteren Regelwerken werden sie nicht als *ein* Name durchalphabetisiert; primär für die Ordnung maßgeblich ist der erste Namensbestandteil; jedoch folgen sie allen entsprechenden einfachen Namen, wenn solche vorhanden sind. So sind Schmidt-Barrien, Schmidt-Isserstedt usw. erst *nach* allen Schmidts einzuordnen, Schmidt-Vockenhausen rangiert aber *vor* Schmidtke. Für die Ordnung innerhalb der Doppelnamen mit gleichem ersten Namensbestandteil ist dann der zweite Namensbestandteil maßgebend (31*—34*). Das neue Regelwerk will hingegen Doppelnamen mit Bindestrich als einfache Namen ansehen; im Katalog wird also, ohne Rücksicht auf den Bindestrich, durchalphabetisiert (66—68). Bei Namen mit *Adelsprädikaten* oder *Präpositionen* und Konjunktionen, die nicht zum Namen gezogen sind, gelten besondere Regelungen. Im Deutschen werden Baron, Freiherr, Graf, Edler, Ritter, sowie „von", „von der", „von dem" für die Ordnung übergangen. Bei ausländischen Namen schrieben die älteren Regelwerke ein Übergehen von „van", „av", „of", „de", „di" vor, während „du", „da", „della" zum Namen gezogen wurden; im Französischen „de la" wurde „de" übergangen, „la" zum Namen gezogen. Die neue Regelung ist nicht weniger kompliziert. Sie will nämlich den Ansatz nach „nationalen Gepflogenheiten" einführen. Danach wäre Wernher von Braun als Deutscher unter „Braun", als Amerikaner unter „Von Braun" einzuordnen.

Dem Benutzer kann hier nur geraten werden, die verschiedenen Möglichkeiten auszuprobieren. In Anlage 1 ist noch nicht nach dieser eventuellen Vorschrift verfahren (7).

Bei deutschen *Vornamen* haben die älteren Regelwerke eine gewisse *Normierung* vorgenommen. Oscar wurde als Oskar, Walther als Walter, Wernher als Werner, Carl als Karl angesetzt (18*, 25*, 33*). Der Wechsel von C zu K ist bei einer Reihe von weiteren Vornamen (Klara, Klaus, Konrad, Kurt) besonders bedeutsam, da er den ersten Buchstaben des Vornamens betrifft, der besonders häufig ordnungsbestimmend ist. Das neue Regelwerk verzichtet auf diese Normierung. Jetzt ist die genaue Kenntnis der Namensschreibung erforderlich. Wichtig ist, daß einfache Vornamen vor Doppelnamen rangieren, sofern diese getrennt geschrieben werden. Zusammengeschriebene oder bindestrichverbundene Doppelnamen gelten als einfache Namen. So ergibt sich die Reihenfolge: Max, Max Otto, Maximilian; Karl, Karl Heinz, Karl Otto, Karl-Hans, Karlheinz.

Enthält ein Titel nur den Familiennamen des Verfassers, ohne daß dessen Vorname ermittelt werden kann, so steht er am Anfang aller gleichlautenden Namen (61); ist der Vorname *abgekürzt,* ohne daß der volle Name erschlossen oder ermittelt werden kann, so wird er am Anfang der Vornamen, die mit dem oder den gleichen Buchstaben beginnen, eingeordnet (62).

Wie bereits angedeutet, gilt bei *mittelalterlichen* Autoren der Hauptname, der zumeist einem heutigen Vornamen entspricht, als erstes Ordnungswort. Walther von der Vogelweide wird also unter „Walter" bzw. „Walther", nicht unter „Vogelweide" primär eingeordnet. Der Herkunftsname wird zweites Ordnungswort, so daß Heinrich von Morungen vor Heinrich von Veldeke rangiert. Nun gibt es aber neuzeitliche Familiennamen, die mit solchen Hauptnamen oder „Vornamen" identisch sind. In diesem Falle rangieren alle mittelalterlichen Namen *vor* diesen Familiennamen (45—47). Die gleiche Situation ist bei *Fürstennamen* gegeben, gleichgültig ob es sich um mittelalterliche oder neuzeitliche Fürsten handelt (26, 27). Bei gleichnamigen Fürsten wird nach dem Land unterschieden, bei gleichem Land wird die Reihenfolge durch die Titulatur und Zählung gesichert. Bei ausländischen Fürsten ist die ausländische, nicht die deutsche Namensform maßgebend (nicht Ludwig, sondern Louis XIV.). Zum Glück für den Katalog sind Fürsten relativ selten Autoren.

Weitere Einzelheiten können hier nicht gegeben werden. Es ist günstig, daß z. Zt. Listen von „Namensansetzungen" für solche Autoren herausgegeben werden.

Bei Autoren, die mehrere Schriften verfaßt haben, werden die Eintragungen nach dem *Sachtitel weitergeordnet* (40—44, 19*—22*). Ist eine Schrift in mehreren *Auflagen* vertreten, so gilt deren Reihenfolge. Bei verschiedenen *Ausgaben* ist die Ordnung durch die Erscheinungsjahre bestimmt (37—39). Bei Autoren mit *identischen* Familien- und Vornamen wurde früher häufig eine weitere Unterscheidung — etwa nach Geburtsjahr — vorgenommen. Heute ist das weitgehend aufgegeben. Maßgebend ist die Ordnung der Sachtitel, gleichgültig von welchem Autor sie stammen.

Die Regeln für die Ordnung der Sachtitel werden z. Zt. verändert. Die „Preußischen Instruktionen" legten ein Prinzip zugrunde, das *grammatische* Abhängigkeiten berücksichtigte und „unwesentliche Wörter" ordnungsunwirksam machte. „Der liebe Augustin" wurde als „Augustin liebe", „König Ottokars Glück und Ende" als „Glück Ottokar König Ende" unter den Werken Grillparzers geordnet (19*—22*). Heute gilt das Prinzip der *gegebenen Wortfolge* unter Umgehung des bestimmten und unbestimmten Artikels am Anfang (40—44). Es ist sehr viel einfacher zu handhaben.

Bei Autoren mit Gesamtausgaben werden diese als (Werke) den Einzelausgaben vorangestellt (37—40). Früher standen z. B. auch Auszüge aus dem Gesamtwerk als (Werke, Ausz.) vor den Einzelausgaben (18*); heute werden sie unter dem gegebenen Sachtitel bei den Einzelausgaben eingeordnet (41).

Bei der Masse der Autoren ist die Frage der Ordnung der Sachtitel für den Benutzer nicht sehr erheblich. Wichtiger wird sie bei Autoren, die sehr viel Schriften verfaßt haben. Am wichtigsten ist sie, wenn der Sachtitel primäres Ordnungselement wird, also bei anonymen oder als anonym behandelten Schriften. In diesen Bereich gehören auch Serien und Zeitschriften sowie Handbücher, Lexika, Sammelwerke udgl. Hier ist die Umstellung besonders bedeutsam.

In der Regel werden im AK selbständige Sachtitel und Autorennamen in ein Alphabet eingereiht. Hier können sich Probleme ergeben, wenn der Sachtitel selbst ein Name ist, der auch als Autorenname vorkommt. Bei einem solchen *Zusammentreffen* ordnet das alte Regelwerk den Sachtitel vor den Autorennamen (4*—6*, 15*), das neuere den Autorennamen vor den Sachtitel (27—29). Gelegentlich können auch gleichlautende Namen persönlicher Verfasser und korporativer Urheber zusammentreffen. Dann hat der persönliche Verfasser den Vorrang (3, 4). Als letzter folgt der Sachtitel (5). Da die Regeln hier ziemlich kompliziert sind, kann wiederum nur geraten werden, verschiedene Möglichkeiten, die sich anbieten, in Betracht zu ziehen, insbesondere vor und nach der Reihe der persönlichen Autoren mit dem betreffenden Namen nachzusehen.

Beim *korporativen Urheber* treten weitere Ordnungsprobleme auf. Zunächst gilt auch hier das Prinzip der gegebenen Wortfolge im Namen der Korporation. Jedoch können gewisse Normierungen oder Sonderregelungen bei Länder- und Städtenamen (4, 21) oder bei der Festlegung von Über- oder Unterordnungen (14, 51) eintreten. Hier ist das Regelwerk noch nicht abgeschlossen.

Wichtig ist, daß bei Zeitschriften, Jahrbüchern, Serien, usw., deren Urheber eine Korporation ist, der Name der Korporation primäres Ordnungselement ist, wenn er Bestandteil des Sachtitels ist. Das „Jahrbuch des Vereins für niederdeutsche Sprachforschung" wird also unter „Verein für niederdeutsche Sprachforschung. Jahrbuch" eingeordnet (4, 21). Das gilt auch dann, wenn der Sachtitel allein „unspezifisch" ist. „Neue Mitteilungen", Hrsg. von der Deutschen Bücherei, werden unter „Deutsche Bücherei. Neue Mitteilungen" eingeordnet (51). Dagegen wird ein Titel wie „Bundesgesetzblatt", Hrsg. vom Bundesminister der Justiz, als spezifisch angesehen und unter „Bundesgesetzblatt" eingetragen (12; 9, 18).

Abschließend sei darauf hingewiesen, daß in einer Zeit des Übergangs von den „Preußischen Instruktionen" zu dem neuen Regelwerk hier oder dort die Ordnung der Sachtitel nach der gegebenen Wortfolge, jedoch unter *„Übergehung unwesentlicher Wörter"* eingeführt wurde.

Auf die Ordnung der Titel nach *ausländischen Regelwerken* kann hier nicht näher eingegangen werden. Hingewiesen sei auf die Neigung, den persönlichen Herausgeber als Autor zu behandeln und auf die Einordnung unter dem Sachtitel nach Möglichkeit zu verzichten.

c) Titelkenntnis, Titelnotierung

Die oben unter a) beschriebene Aufnahme eines Titels hat einen dreifachen Zweck: sie soll 1) der Identifizierung einer Schrift dienen, sie ist gleichsam deren „Personalausweis"; 2) gewisse Informationen geben, z. B. über den Umfang, das Alter — aber auch über die Qualität wird einiges angedeutet durch die Verlagsangabe oder den Hinweis auf Serienzugehörigkeit als Qualitätsmarke"; und 3) die Grundlage für die Einordnung in Kataloge und Verzeichnisse schaffen. Die unter b) beschriebene Ordnung der Titel ermöglicht das „Wiederauffinden" (englisch: retrieval) des Titels im Katalog oder Verzeichnis; ohne strenge Ordnung wäre ein Titel in der Masse rettungslos verloren.

Will der Benutzer eine Schrift ihrem Titel nach auffinden, so muß er diesen mit *zureichender Genauigkeit* kennen. Die Erfahrung lehrt, daß dies nicht immer der Fall ist. Die Ursache für die unzureichende Titelkenntnis ist entweder bei der Quelle der Titelkenntnis oder bei der Titelnotierung zu suchen. Um Fehler zu vermeiden ist es gut, die Ursachen zu analysieren.

Zu fragen ist also zunächst einmal, woher die *Titelkenntnis* stammt. Da ist zunächst einmal die Quelle *„von Hörensagen"*. Ein Buch oder Aufsatz wird im Gespräch erwähnt. Eine richtige Titelangabe wird kaum gemacht; was im Gedächtnis haften bleibt, genügt meistens nicht. Vom Hörensagen sind schließlich auch Literaturangaben im Unterricht, in der Vorlesung, im Vortrag. Auch hier ist die Situation für „bibliographische Genauigkeit" nicht immer günstig. Der Unterrichtende oder Vortragende mag manches voraussetzen, was nicht zutrifft; die Fachsprache oder der Fachjargon hat häufig zu Titelfassungen „bekannter" Werke geführt, mit denen zumindest der Anfänger nichts anfangen kann; vielfach sind auch akademische Lehrer im Hinblick auf bibliographisch-bibliothekarische Genauigkeit selber nicht sattelfest oder recht „großzügig"; schließlich mag die momentane Aufmerksamkeit des Zuhörers nur zu fragmentarischer Auffassung von Titelangaben ausreichen. Nicht immer sind Notiermöglichkeiten gegeben.

Es ist daher ein guter Brauch, bei Lehrveranstaltungen aller Art *Literaturlisten* oder *-zusammenstellungen* maschinenschriftlich vervielfältigt zur Verfügung zu stellen. Voraussetzung ist natürlich, daß die Listen die Titel mit zureichender Genauigkeit aufführen. Gelegentlich werden gegen die Listen pädagogische Bedenken geäußert, da sie leicht zu umfangreich geraten. Vom Standpunkt der Auffindbarkeit im Katalog oder in der Bibliographie sind sie den mündlichen Formen der Titelmitteilung in jedem Falle vorzuziehen.

Daß *handschriftliche Titelnotierungen* anderer nur selten zuverlässige Quellen sind, liegt auf der Hand. Zur Unzulänglichkeit der Quelle oder der Notierung selbst tritt das Problem der Lesbarkeit. *Maschinenschriftliche* Notierungen sind generell besser, jedoch auch nicht immer zuverlässig, besonders bei ungeübten Maschineschreibern.

Bereits an dieser Stelle sei das *Buch* oder das *Dokument selbst* genannt. Man sieht es in der Buchhandlung oder bei einem anderen. Nicht immer genügt der „erste Blick", um den Titel so zu erfassen, daß die Auffindbarkeit im Katalog oder in der Bibliographie gesichert ist.

Wesentlich häufiger als das Dokument selbst sind andere *gedruckte Quellen* Grundlage der Titelkenntnis. Zu nennen sind hier zunächst *Prospekte* und *Kataloge* von Verlagen und Buchhandlungen. Sie sind in der Regel recht brauchbar, obwohl gewisse Unterschiede in der bibliothekarischen und der buchhändlerischen Titelerfassung bestehen, die ihre Gründe haben. Diese Quellen haben den Vorzug, daß man das Material bei sich haben kann, wenn man in der Bibliothek sucht — allerdings sollte man diesen Vorzug auch realisieren. Ein Prospekt, den man zu Hause vergessen hat, ist wenig nütze. Ein Idealfall ist es natürlich, wenn die Titelkenntnis aus einem *gedruckten Verzeichnis,* z. B. einer Neuerwerbungsliste oder einem fachlichen oder thematischen Auswahlkatalog der *Bibliothek selbst* stammt. Da die Signatur angegeben ist, entfällt sogar die Benutzung des Hauptkatalogs.

Eine häufige Quelle sind *Besprechungsteil* oder *Literaturbeilagen* von Zeitungen oder Zeitschriften. Durch ihre Inhaltsinformationen präzisieren sie, besser als bloße Titel, das Interesse. Formal, also im Hinblick auf die Titelfassung, sind sie nicht immer präzise genug. Jedoch gibt es bekannte Literaturbeilagen, die allen Ansprüchen genügen. Das gilt auch in der Regel für die Buchbesprechungen in *wissenschaftlichen* und gut redigierten *Fachzeitschriften.*

Durchaus zuverlässige Quellen sind *Fachbibliographien* und *Referatenblätter*. Sie sind von fachlich geschulten Bibliographen hergestellt. Das gleiche gilt für die meisten *Dokumentations-*, *Literatur-* und *Informationsdienste* in Kartei- oder in Listenform. Professionelle Literaturrechercheure oder Literaturinformatoren bedienen sich meist dieser Einrichtungen. Muß man, aus Gründen der Aktualität, auf *Allgemeinbibliographien* zurückgreifen, begegnet man zumeist größter Zuverlässigkeit. Ist man auch auf ausländische Publikationen angewiesen, sind die Unterschiede der Regelwerke zu berücksichtigen.

Für den „nicht-professionellen" Benutzer von Fachbibliographien, Referatenblättern, Dokumentationsdiensten usw. muß darauf hingewiesen werden, daß das Problem der *Abkürzungen* hier auftritt. Aus Gründen der Druckkostenersparnis werden insbesondere Zeitschriftentitel, die immer wieder bei den Titelangaben bibliographisch unselbständiger Dokumente auftauchen, abgekürzt. Leider gibt es bisher noch keine verbindlichen oder allgemein anerkannten internationalen oder nationalen Normen für die Abkürzung von Zeitschriftentiteln. Ob sich ein neuerer Versuch einer Codierung („Coden") durchsetzen wird, ist abzuwarten. Im allgemeinen sind den genannten Literaturverzeichnissen und -diensten Abkürzungsverzeichnisse mit Auflösung beigedruckt bzw. beigegeben, so daß der Rückgriff auf den Volltitel möglich ist.

Eine sehr häufig realisierte Quelle von Titelkenntnissen sind die berühmt-berüchtigten „Zitate" in Büchern und Aufsätzen. Bei bestimmten Schriften, z. B. Dissertationen, gibt es *Literaturverzeichnisse*, die in der Regel genau genug sind. Handelt es sich aber um Literaturangaben in *Anmerkungen, Fußnoten*, im *Text* oder am Ende von Kapiteln udgl., so treten oft Schwierigkeiten auf. Es gibt da Sorglosigkeit, persönliche Vorlieben, fachliche Gewohnheiten, die häufig den bibliothekarischen Erfordernissen nicht

Rechnung tragen. Die Notwendigkeit der Druckkostenersparnis führt wieder zu *Abkürzungen*, die aufzulösen häufig keine Gelegenheit ist oder nicht für nötig gehalten wird — der „Fachmann weiß ja, was gemeint ist". Beliebt sind auch — wiederum abgekürzte — Verweisungen auf vorangegangene Zitierungen mit „a. a. O" = am angeführten Ort, oder „l. c." = loco citato. Es soll immer wieder einmal vorkommen, daß ein Benutzer den Titel „a. a. O." im Bibliothekskatalog sucht. So sind Zitate als Quelle für Titelkenntnisse mit Vor- und Umsicht zu benutzen.

Bei der *Titelnotierung* muß der Benutzer diejenigen Titelelemente erfassen, die zum Wiederauffinden im Katalog oder in der Bibliographie und zur eindeutigen Identifizierung notwendig sind. Für seinen persönlichen Gebrauch mögen überdies die Angaben mit mehr informativem Gehalt nützlich sein. Sie können Einfluß auf die „Benutzungsstrategie" haben, auf die noch einzugehen sein wird.

Zunächst muß auf die Selbstverständlichkeit der *deutlichen Notierung* hingewiesen werden, mit gutem Grund, denn sie wird oft genug außer Acht gelassen. Während bei allgemeinen Notizen oder Nachschriften der Kontext zur Entzifferung unleserlicher Wörter beitragen kann, ist das bei Titelnotierungen kaum der Fall. Wenn irgend möglich sollten Titel *maschinenschriftlich* notiert werden. Leider gibt es noch kein befriedigendes *Kopier-* oder *Photographierverfahren* für einzelne Titel. Die Polaroidkamera arbeitet noch recht teuer. Steht ein Trockenkopiergerät zur Verfügung, lohnt sich die Kopie jedenfalls, wenn mehrere Titel von einer Seite der Vorlage zu übernehmen sind. Man kann sie dann anstreichen oder ausschneiden. Der Besitz eines *Kleintonbandgerätes* ermöglicht es, Titel akustisch aufzunehmen und später mit der Schreibmaschine aufzuschreiben.

Bleibt keine andere Möglichkeit, als die *handschriftliche*

Notiz, so kann es zweckmäßig sein, den Titel in einer anderen als der geläufigen Schrift zu schreiben, z. B. in Blockschrift oder lateinischen Großbuchstaben. Es gibt eine besondere „Büchereihandschrift", die leider nicht mehr gelehrt wird.

Es ist aus Ordnungsgründen günstig, jede Titelnotierung auf einem genormten Zettel — DIN A 7 oder 6 — vorzunehmen. Um gewissen Nachteilen der „Zettelwirtschaft" zu entgehen, kann ein DIN A 4-Bogen zunächst gefalzt, dann beschrieben und erst bei Einordnung in den „Zettelkasten" zerschnitten werden.

Die Titelnotierung beginnt mit dem *ersten Ordnungswort,* zumeist also mit dem Familiennamen des Verfassers. Wenigstens hier sollte auf eindeutige Schrift, Buchstabe für Buchstabe, geachtet werden. Natürlich kann man auch mit dem Vornamen beginnen, muß dann aber den Familiennamen unterstreichen oder sonstwie hervorheben.

Der *Vorname* könnte bei sehr seltenen Namen fehlen, aber da man nie weiß, wie selten ein Name ist, sollte man ihn stets berücksichtigen. Bei häufig auftretenden Namen ist man ohne Vornamen nahezu verloren. Den Titel „Meyer, Pandekten" im Katalog einer großen Bibliothek zu suchen, entspricht der bekannten Suche nach einer Nadel im Heuhaufen. In vielen Fällen mag die Angabe des 1. Buchstabens des Vornamens genügen, in anderen genügt sie nicht. Die Notierung „H. Meyer" führt sicher zu erheblicher, unnötiger Sucharbeit. Darum ist zu empfehlen, jedenfalls den ersten Vornamen stets unabgekürzt zu notieren, beim zweiten mag man etwas großzügiger sein. Bei mangelhafter Vorlage ist natürlich nichts zu machen.

Der *Sachtitel* ist ebenfalls ungekürzt zu notieren. Auch wenn man selber ein zuverlässiges Abkürzungssystem hat, sollte man doch auch an die Möglichkeit denken, daß ein anderer die Sucharbeit vornimmt. Der Untertitel hat nur informatorischen Charakter. Für das Auffinden ist er nicht nötig; auch die Identifizierung benötigt ihn nicht. Vom *Impressum* genügt in den meisten Fällen das Erscheinungsjahr für die Identifizierung im Katalog. Sehr wichtig ist es für den Fall des Bibliographierens. Darum sollte es bei der Titelnotierung niemals fehlen. Die Ortsangabe ist ebenfalls für das Bibliographieren nicht unwichtig, jedenfalls bei ausländischen Titeln. Unbedingt nötig ist sie nicht. Das gilt auch für den Verlag, es sei denn, der Bibliothek, die den Titel nicht besitzt, soll ein Kaufvorschlag gemacht werden. Im übrigen haben diese Angaben, ebenso wie die Seitenzahlangabe und der Serienvermerk, informierenden Charakter. Nicht zu empfehlen ist, bei einem *Serienstück* nur den Serientitel und die Band-Nr. zu notieren. Viele Bibliotheken stellen Serien nicht mehr geschlossen auf; bei großen Serien mit hunderten von Nummern wird sogar auf die Aufführung im Katalog verzichtet. Auf jeden Fall ist der Stücktitel zu notieren.

Die Angabe der *Auflage* ist für das Auffinden nicht so wichtig, wohl aber für das Identifizieren. Unabdingbar ist sie für das Verifizieren von Zitaten, da sonst die Seitenangaben nicht stimmen.

Bei Werken mit *zwei* oder *drei Verfassern* ist der erste so vollständig wie möglich zu notieren; die anderen sind für das Wiederauffinden nur zusätzliche Sicherheitsfaktoren und können großzügiger behandelt werden. Bei Werken mit *mehr als drei Verfassern* ist eigentlich nur der Sachtitel zu notieren, doch kann es gelegentlich helfen, wenn auch noch der erste Verfasser notiert wird. Die Notierung von *Herausgebern* oder jedenfalls eines Herausgebers ist immer empfehlenswert, zumal im Ausland der Herausgeber gern als Verfasser behandelt wird. Auch die „Preußischen Instruktionen" kennen Fälle, in denen der Herausgeber als Autor behandelt wird, der Sachtitel primär also nicht berücksichtigt wird.

Ist eine Schrift eindeutig oder möglicherweise primär

unter dem *Sachtitel* einzuordnen, so ist dieser vollständig, ohne Abkürzungen oder Umstellungen zu notieren. Ist *korporative Urheberschaft* erkennbar oder zu vermuten, so ist der Körperschaftsname vollständig und unabgekürzt zu notieren. Ist er auf der Vorlage abgekürzt angegeben, so empfiehlt sich ein kurzer Überblick auf die Titelumgebung: vielleicht findet sich die ungekürzte Form in der Nähe. Bei Körperschaftsnamen ist auch auf den Ort Wert zu legen, wenn er im Namen selbst nicht vorkommt.

Bei Titeln von bibliographisch *unselbständigen Dokumenten* — Aufsätzen, Artikeln, Beiträgen — ist für das Auffinden die Notierung des Titels der bibliographischen Einheit, in der sie enthalten sind, beinahe noch wichtiger als die von Verfasser und Sachtitel. Ein Zeitschriftenaufsatz ist durch Zeitschriftentitel, Band, Jahrgang und Seitenzahl festgelegt. Natürlich sollte, schon aus Informationsgründen, Name und Sachtitel nicht fehlen.

Hier ist noch einmal auf die *Abkürzung* von Zeitschriftentiteln einzugehen. Am Bibliothekskatalog, aber auch in Bibliographien können sie das Auffinden erheblich erschweren. Darum sollten sie vollständig notiert werden. Von den Auflösungsnachweisen, die die Quelle bietet, sollte Gebrauch gemacht werden. Dasselbe gilt für Sammelwerke, Lexika usw., deren „Zitiertitel" häufig bibliothekarisch unzureichend sind.

Als *Grundregel* für die Titelnotierung kann gelten: alles, was für die primäre Einordnung in Kataloge und Bibliographien in Frage kommt, ist genau, vollständig und deutlich zu notieren, bei Unsicherheit lieber mehr als zu wenig. Bei den weiteren Ordnungselementen kann, nach den Umständen, großzügiger verfahren werden, im Zweifelsfalle ist eher mehr als weniger zu notieren. Unabdingbar ist das Erscheinungsjahr. Vieles hat informatorischen Wert, der freilich auch nicht gering zu veranschlagen ist.

Abschließend sei auf die nützliche, leider nur selten angewandte Übung der *Notierung der Quelle* bei der Titelnotierung hingewiesen. Sie kann sich im Laufe der Literaturermittlung als sehr nützlich erweisen.

d) Literaturermittlung am Alphabetischen Katalog

Das Ziel der Titelermittlung am Alphabetischen Katalog (AK) ist die Feststellung der Aufstellungssignatur des Dokuments, über die es durch Selbstbedienung — bei offener Aufstellung — oder durch Fremdbedienung über einen Bestellvorgang — bei geschlossener Aufstellung — beschafft wird. Der Ausgangspunkt ist die Titelkenntnis, die zumeist durch Titelnotierung, gelegentlich natürlich auch im Gedächtnis, festgehalten ist, das Mittel die Kenntnis der Ordnung der Titel im AK.

Für die Ermittlungsarbeit am AK ist es wichtig zu wissen, nach welchem *Regelwerk* der vorhandene AK aufgebaut ist. Sicherlich ist für die Mehrzahl der Titel gleichgültig, nach welchem Regelwerk der Katalog aufgebaut ist. Aber es gibt doch eine Vielzahl auch sehr wichtiger Titel, bei denen die Unterschiede erheblich sind. Zu unterscheiden sind die älteren Regelwerke und das neue Regelwerk, das in seinen Grundzügen festliegt und hoffentlich bald seine endgültige Form findet. Es ist auch zu hoffen, daß alle Bibliotheken das neue Regelwerk annehmen — obwohl gerade bei großen Bibliotheken die Umkatalogisierung problematisch ist.

Bisher zeigte sich die Teilung in „wissenschaftliche Bibliotheken" und „öffentliche Büchereien" auch in der Verwendung verschiedener Regelwerke: die wissenschaftlichen Bibliotheken katalogisierten nach den „Preußischen Instruktionen", die öffentlichen Büchereien vornehmlich nach den „Berliner Anweisungen". Der Hauptunterschied liegt in der Behandlung der Sachtitel. Bei den „Berliner Anweisungen" galt bereits das Prinzip der Ordnung nach der gegebenen Wortfolge. Weitere Unterschiede bestanden in der Behandlung ausländischer Originaltitel und in der Transkriptionsfrage. Beiden gemeinsam war der Verzicht auf den „korporativen Verfasser", der nun durch das neue Regelwerk auch in die deutschen Bibliothekskataloge eindringt. Für kleinere öffentliche Büchereien ist das nicht so bedeutsam, da hier entsprechende Literatur kaum vorkommt. Bei großstädtischen Zentralbüchereien ist die Situation schon anders. Trotzdem ist auch hier die Umstellung der Kataloge ziemlich einfach, im Gegensatz zu großen wissenschaftlichen Bibliotheken mit Millionenbeständen.

Alphabetische Kataloge nach dem *neuen Regelwerk* finden sich in Deutschland z. Zt. nur in den Bibliotheken neugegründeter Universitäten. Sobald es abgeschlossen vorliegt, dürften die öffentlichen Bibliotheken der Städte die ohnehin nur geringfügige Umstellung vollziehen. Bei den alten Universitäts- sowie den Staats- und Landesbibliotheken dürfte man sich zu einer *Teilung des Kataloges* entschließen: mit einem Stichtag wird ein neuer AK begonnen, der alte abgeschlossen. Für den Benutzer bedeutet das, daß er sich auf zwei Alphabetische Kataloge nach verschiedenen Ordnungsprinzipien einstellen muß.

Eine andere Möglichkeit, mit der Situation fertig zu werden, ist die *Aufgliederung des Katalogs* in ein Alphabet der persönlichen Verfasser, ein Alphabet der körperschaftlichen Urheber und ein Alphabet der Sachtitel (Anonyma). Jetzt kann jeder Teil für sich dem neuen Regelwerk angepaßt werden.

Für den Benutzer ist es in jedem Falle erforderlich, daß er sich über die *Katalogsituation* der Bibliothek, an der er Literatur ermitteln will, informiert. Hält die Bibliothek eine Benutzungsanleitung zur Verfügung, so wird er darin das Notwendige finden. Im anderen Falle muß er sich von der Katalogauskunftsstelle informieren lassen.

Durch die Ausführungen über die „Ordnung der Titel" konnte der Eindruck exklusiver Strenge und hoher Kompliziertheit entstehen. Es muß noch einmal gesagt werden, daß die Literaturermittlung am AK in der Mehrzahl der Fälle einfach ist. Außerdem kommt die Bibliothek dem Benutzer durch ein *Verweisungssystem* entgegen, d. h. von einer auch möglichen oder vielleicht näherliegenden Form wird auf die im Katalog maßgebliche Form verwiesen. Der Benutzer findet, wenn er der Verweisung folgt, die Titelaufnahme, die er gesucht hat.

Es wird zwischen allgemeinen und besonderen Verweisungen unterschieden. Die *allgemeine Verweisung* bezieht sich grundsätzlich auf eine Gruppe von Titelaufnahmen. Allgemein verwiesen wird z. B. von verschiedenen möglichen Namensformen eines persönlichen Verfassers auf die maßgebende (48, 57, 59, 73, 75, 79). Entsprechendes gilt für den korporativen Urheber (z. B. BASF s. Badische Anilin- und Sodafabriken oder Statistische Bundesamt s. Deutschland [Bundesrepublik], Statistisches Bundesamt).

Besondere Verweisungen beziehen sich auf den einzelnen Titel. So kann vom zweiten und dritten Verfasser auf den ersten (17*), vom ersten oder vom Herausgeber auf den Sachtitel (9*), von der Übersetzung eines Sachtitels auf den Originaltitel verwiesen werden. Es wird auch von Sachtitel auf Sachtitel verwiesen, z. B. wenn eine Zeitschrift ihren Titel geändert hat, was nicht selten vorkommt. Neuerdings wird vielfach statt der besonderen Verweisung die *„Einheitskarte"* verwandt, die die *„Mehrfacheintragung"* eines Titels im Katalog ermöglicht. Der Benutzer findet also alle Angaben und die Signatur gleich beim ersten Einstieg und braucht nicht einer „Verweisung" folgend noch einmal zu suchen (10, 9*; 11, 10*; 32, 17*). Lediglich bei Titelaufnahmen mit zahlreichen Bandaufführungen erfolgt ein Hinweis auf die *„Haupteintragung"*. Der Benutzer wird selbst feststellen, welches System angewandt wird. In jedem Falle wird das Auffinden von Titeln wesentlich erleichtert, wenn mehrere Möglichkeiten des „Einstiegs" bestehen.

Man rechnet mit etwa 30% Verweisungen oder „Nebeneintragungen“ im Verhältnis zu den Haupteintragungen.

Der Ausdruck „Eintragung“ stammt noch aus der Zeit des alten *Bandkatalogs*, in den die Titel handschriftlich eingetragen wurden. Dieser ist inzwischen, von seltenen Ausnahmen abgesehen, durch den *Kartei-* oder *Kartenkatalog* ersetzt worden. Inzwischen hat der Bandkatalog durch den Einsatz der Elektronischen Datenverarbeitung für die Katalogherstellung eine Renaissance erlebt. Der Bandkatalog ist, bei günstigem Format, leichter zu handhaben und bietet bessere Übersicht. Beim Kartenkatalog ist immer nur eine Titelaufnahme gleichzeitig sichtbar, man muß mehr „blättern“ oder „fingern“.

Die *Technik der Titelermittlung* ist einfach, wenn der Titel einfach ist. Die Katalogkästen oder -bände sind so beschriftet, daß die für das erste Ordnungswort einschlägige Einheit schnell gefunden wird. Es wird dann alphabetisiert; sind mehrere Titelaufnahmen unter dem Ordnungswort vorhanden, wird nach den weiteren Wörtern alphabetisiert, bis der Titel gefunden ist. Gelegentlich werden auch Zählungen zu berücksichtigen sein (Auflagen, Erscheinungsjahre, Zahlen bei Namen von Fürsten usw.). Stößt man statt auf den Titel auf eine Verweisung, ist ihr nachzugehen.

Wird der gesuchte Titel *nicht gefunden*, ist die Suche noch nicht aufzugeben. Manchmal kann es sich um eine kleine Ungenauigkeit bei der Titelnotierung handeln; eine Suche im nahen Umkreis kann dann doch noch zum Erfolg führen. Bei undeutlicher Schrift muß verschiedenen Möglichkeiten nachgegangen werden. Auch sonst ist die Titelnotierung zu prüfen, ob nicht eine andere Einordnung möglich ist. Vielleicht wurde der Sachtitel angesetzt, wo die Einordnung unter dem körperschaftlichen Verfasser erfolgt ist, was bei Titeln wie „Mitteilungen, Verhandlungen, Berichte, Veröffentlichungen, Publikationen, Abhandlungen,

Zeitschrift, Jahrbuch" udgl. in neuen Katalogen häufig der Fall ist. Oder es wurde unter dem Sachtitel gesucht, während die Schrift unter dem Herausgeber eingetragen ist. Gerade die Unsicherheit hinsichtlich der Regelwerke läßt es angezeigt sein, mehrere Möglichkeiten auszuprobieren.

Sind auch diese Versuche erfolglos, so sollte die *Hilfe der Katalogauskunft* in Anspruch genommen werden. In vielen Bibliotheken gibt es besondere Usancen, ältere Traditionen, Abweichungen von den allgemeinen Regeln, die nur die Bibliothekare des Hauses kennen. Manchmal handelt es sich auch um Kleinigkeiten, die übersehen wurden und die der andere sofort entdeckt. Der Bibliothekar hat auch mehr Möglichkeiten, mit ungenauen Titelnotierungen fertig zu werden, oder bei vagen Titelerinnerungen zu helfen.

Er kann auch am besten den Weg — oder Umweg — über die *Sacherschließungsmittel* — Sachkataloge, Fachbibliographien — weisen. Dieser Weg setzt freilich eine einigermaßen klare Vorstellung vom Inhalt der Schrift voraus. Der Suchvorgang entspricht dann dem der zweiten Ausgangssituation, auf dem im Abschnitt „Sacherschließung" genauer eingegangen wird. Bei der Gelegenheit kann dann der gesuchte Titel „entdeckt" werden; vielleicht stößt der Benutzer auch auf einen anderen Titel, der ähnliches leistet wie der gesuchte oder noch interessanter ist.

Nicht selten wird auch ein Titel gefunden, der nicht ganz mit dem gesuchten *identisch* ist. Der Widerspruch kann bei der Titelnotierung oder bei der Titelangabe liegen. Zur Kontrolle muß *„bibliographiert"* werden, worauf im nächsten Abschnitt einzugehen ist. Bibliographieren kann auch helfen, wenn der Benutzer nur den Sachtitel im Gedächtnis behalten oder notiert hat, nicht aber den Verfasser. Es gibt, vor allem in kleineren öffentlichen Büchereien, auch Sachtitelkataloge von Verfasserschriften, in den großen Bibliotheken Deutschlands ist das aber nicht der Fall.

Ein häufiger Fall, besonders bei Anfängern, ist die Verwechslung eines *Aufsatztitels* mit einem *Buchtitel*. Bei der Titelnotierung wurde die Zeitschriftenangabe nicht erkannt, oder es wurde von der Annahme ausgegangen, daß der Bibliothekskatalog auch Zeitschriftenaufsätze unter dem Verfassernamen verzeichnet. Das ist tatsächlich häufig in Spezialbibliotheken der Fall, nicht jedoch in großen Allgemeinbibliotheken. Der Bibliothekar kann den Fehler vielleicht mit einem Blick auf die Titelnotierung erkennen, oder er kann wieder die geeignete Bibliographie zu Rate ziehen.

Andere Widersprüche können vielleicht durch *Rückgriff auf die Quelle*, das *Zitat*, geklärt werden, wenn sie der Benutzer notiert oder einigermaßen deutlich in der Erinnerung hat.

Ist das Ergebnis aller Bemühungen *negativ* oder steht eindeutig fest, daß die gesuchte Schrift in der Bibliothek nicht vorhanden ist, kann der Auskunftsbibliothekar auf andere Möglichkeiten am Ort, einen Gesamtkatalog, eine größere Bibliothek, eine Spezialbibliothek hinweisen oder im dringenden Fall telefonisch nachfragen. Schließlich bleibt der Hinweis auf den auswärtigen Leihverkehr, in einigen Fällen auch auf den Anschaffungsvorschlag.

Bei *positivem* Ergebnis der Literaturermittlung wird zunächst die Signatur der Titelnotierung hinzugefügt. Bei Selbstbedienung wird nun das Buch in der Freihandaufstellung aufgesucht, bei Fremdbedienung ein Bestell- oder Leihschein ausgefüllt und abgegeben. Die *Signatur* befindet sich zumeist rechts oben auf der Titelkarte oder der Titeleintragung. Sie ist ferner auf einem Schildchen am Buchrücken angebracht. Damit ist die Verbindung zwischen Katalog und Aufstellung oder zwischen Titel und realem Buchkörper hergestellt. Bei systematischer Aufstellung sind die Signaturen häufig ziemlich kompliziert, bei numerischer Aufstellung sind sie einfacher (Anlage 3).

Literaturermittlungen am Alphabetischen Katalog sind

nur dort notwendig, wo *Signierzwang* besteht. Es sind allerdings nur noch wenige Bibliotheken in Deutschland, die dem Benutzer das „Signieren" und damit die Ermittlung abnehmen. Vielfach ist der Benutzer selbst interessiert, festzustellen, ob die gesuchte Schrift tatsächlich vorhanden ist. Besteht die Möglichkeit der Selbstbedienung, will er das Buch unverzüglich zur Verfügung haben. In jedem Fall ist die Kenntnis der Literaturermittlungstechnik von Nutzen.

Bisher wurde nur von der Ermittlung einer Schrift oder eines Dokuments am AK gesprochen. In der Praxis geht es häufig um *mehrere Titel,* die bei einem Bibliotheksbesuch am AK ermittelt werden sollen. In diesem Falle ist es gut, wenn die Titel alphabetisch vorgeordnet sind; auf diese Weise kann man sich unnötige Wege am Katalog sparen und sein Pensum in kürzerer Zeit absolvieren. Kann man im Selbstbedienungsbetrieb die positiv ermittelten Titel selbst aus dem Regal holen, ist wiederum die Vorordnung nach Signaturen zweckmäßig. Hier zeigt sich der Vorzug der Einzelnotierung der Titel auf Zetteln. Hat man Titellisten, die nicht alphabetisch geordnet sind, so hilft eine laufende Numerierung nach dem Alphabet. Nach der Ermittlung kann die Signaturenfolge numeriert werden. Bei Fremdbedienung, die das Ausfüllen von Bestell- oder Leihscheinen ohnehin erforderlich macht, kann die Übertragung der Titel von der Notizenliste vor der Ermittlung vorgenommen werden; die Scheine werden dann alphabetisch geordnet. Freilich ist der eine oder andere Titel dann unnötig übertragen, wenn die Ermittlung zu negativem Ergebnis führt. Eine Ordnung positiver Scheine nach Signaturen ist nicht erforderlich.

e) Bibliographische Ermittlung

Die bibliographische Ermittlung von Titeln unter formalem Gesichtspunkt, das sogenannte *„Bibliographieren"*, gehört zur täglichen Berufsarbeit des Bibliothekars. Die Bibliographie ist das Auskunftsmittel für bibliographische Daten, Entscheidungshilfe in Zweifelsfällen, Existenznachweis. Fast jede Dienststelle der Bibliothek hat mit Bibliographien zu tun.

Auch der Benutzer einer Bibliothek, jedenfalls der nicht nur flüchtige, wird Bibliographien benutzen, allerdings im allgemeinen mehr im Zusammenhang mit der Sacherschließung als unter dem Gesichtspunkt des formalen Nachweises. Aus diesem Grunde wird der „Bibliographische Apparat" ausführlich erst im folgenden Abschnitt behandelt werden. Immerhin kann der Benutzer in die Lage kommen, die Bibliographie auch zum formalen Nachweis zu benutzen, so daß jedenfalls einige Hinweise angebracht sein mögen.

Auszugehen ist von dem *Unterschied zwischen Bibliothekskatalog und Bibliographie.* Der Bibliothekskatalog weist die Schriften nach, die die Bibliothek besitzt, die Bibliographie verzeichnet die Schriften, die überhaupt erschienen sind, unabhängig vom Besitzstand einer Bibliothek. Gedruckte Kataloge sehr großer Bibliotheken oder gedruckte Gesamtkataloge eines Landes können bis zu einem gewissen Grade die Funktion einer Bibliographie übernehmen, da sie große Massen von Schriften nachweisen. Entsprechendes gilt für Zeitschriftenverzeichnisse.

Wie bereits erwähnt, verzeichnen die Bibliothekskataloge in der Regel die Titel bibliographisch unselbständiger Dokumente nicht. Wenn Kataloge von Spezialbibliotheken sie aufnehmen, so ist der Umfang durch das sachliche Spezialgebiet der Bibliothek begrenzt. Der „Bibliographische Apparat" einer Bibliothek eröffnet den Zugang auch zu diesen Titeln.

Es ist evident, daß der Schritt zur Bibliographie erst dann getan wird, wenn die Möglichkeiten des Bibliothekskataloges erschöpft sind. Einige *Motive* der Bibliographiebenutzung wurden bereits erwähnt: sie stehen im Zusammenhang mit der Feststellung von etwaigen *Fehlern* bei der Titelnotierung. Ein Titel, der „bibliographisch nicht zu ermitteln" ist, kann mit größter Sicherheit als „falsch notiert" registriert werden. Die Berichtigung ist nur an der Quelle möglich. Bestehen Zweifel an der Identität eines im Katalog gefundenen Titels mit dem gesuchten, so kann die bibliographische Ermittlung klären, ob es sich um eine Fehlnotierung handelt oder ob der gesuchte tatsächlich ein anderer als der gefundene ist. Wird ein Titel, der für einen Buchtitel gehalten wurde, bibliographisch als Titel eines Zeitschriftenaufsatzes ermittelt, so führt der Weg zurück an den Katalog zur Ermittlung der Zeitschrift.

Das stärkste Interesse des Benutzers an der formalen bibliographischen Ermittlung des Titels besteht dann, wenn die gesuchte Schrift in der Bibliothek tatsächlich nicht vorhanden ist und im *auswärtigen Leihverkehr* beschafft werden soll. Die Leihverkehrsordnung schreibt zwingend vor, daß nur solche Schriften bestellt werden, die am Ort tatsächlich nicht vorhanden sind und deren Titel bibliographisch ermittelt sind. Der Sinn dieser Vorschrift ist es, unnötige Belastungen der Zentralkataloge durch fehlerhafte Bestellungen zu vermeiden. Die Bibliothek muß also jede Bestellung für die Beschaffung im Leihverkehr prüfen 1) am eigenen Katalog, ob nicht ein Fehler bei der Katalogermittlung vorliegt, die Schrift also tatsächlich doch vorhanden ist, 2) anhand der Bibliographien, ob es den Titel überhaupt gibt, d. h. ob er nicht fehlerhaft angegeben ist. Diese Prüfarbeit kostet natürlich Zeit. Meistens will der Benutzer Bestellungen im auswärtigen Leihverkehr schnell erledigt haben — ist doch die Laufzeit ohnehin lang genug. Er kann zur Abkürzung der Zeit beitragen, wenn er die bibliographische Ermittlung durchführt. Bei positivem Ergebnis kann die Bestellung sofort herausgehen.

Allerdings ist die bibliographische Ermittlung nicht leicht. Es ist eine Frage der Zeit und Ökonomie, ob der Benutzer die Arbeit auf sich nimmt oder nicht, gelegentlich auch des *Zeitdrucks*. Im allgemeinen wird nur der versierte Benutzer von der Gelegenheit Gebrauch machen. Aber auch er hat einmal anfangen müssen. Einige Hinweise sollen hier wenigstens gegeben werden.

Handelt es sich um *deutsche Buchtitel* nach 1913, so ist das Deutsche Bücherverzeichnis (DBV) und sein westdeutscher Nachfolger, die Deutsche Bibliographie (DB) zu benutzen; seine Vorläufer gehen bis 1750 zurück. Bei neueren *ausländischen Titeln* ist der Katalog der Library of Congress (LC), Washington, und sein Nachfolger, der National Union Catalog zu empfehlen. Für ältere ausländische Buchtitel sind die gedruckten Kataloge der Bibliothek des Britischen Museums (BM), London, und der Bibliotèque Nationale (BN), Paris, geeignet. Deutsche *Dissertationen* seit 1885 weist das „Jahresverzeichnis der deutschen Hochschulschriften" nach.

Sehr häufig ist die Bestellung von Aufsätzen aus *Zeitschriften,* die in der Bibliothek nicht vorhanden sind. Für *ausländische* Zeitschriften seit 1939 lassen sich im „Gesamtverzeichnis ausländischer Zeitschriften und Serien" (GAZS) nicht nur die Titel, sondern auch die Standorte in der Bundesrepublik Deutschland ermitteln. *Deutsche* laufende Zeitschriften sind in der „Deutschen Bibliographie. Zeitschriftenverzeichnis" (DBZ) verzeichnet, jedoch ohne Standortangabe. Wichtig sind auch die Zeitschriftenverzeichnisse einzelner Bibliotheken, z. B. der Staats- und Universitätsbibliothek Göttingen oder der Universitätsbibliothek und Technischen Informationsbibliothek Hannover. Bei diesen ist auch die Standortsignatur aufgeführt, deren Angabe auf der Bestellung die Bearbeitung beschleunigt.

Die genannten bibliographischen Nachweismittel sind im *„Bibliographischen Apparat"* größerer Bibliotheken unschwer zu finden. Zu beachten ist, daß die Prinzipien, nach denen sie die Titel ordnen, unterschiedlich sind. Bei negativem Suchergebnis sollte es mit anderem Ansatz noch einmal versucht werden.

Bei *positivem Ergebnis* ist die bibliographische Quelle zu notieren, z. B. „DVB erm.“. Ist das „Sigel“ (die Nummer) einer besitzenden Bibliothek angegeben, z. B. „89“ (= TUB Hannover), muß es übernommen werden. Das gleiche gilt für Standortsignaturen. Wichtig ist, daß Mängel der Titelnotierung auf Grund der Angaben in der Bibliographie behoben werden. Insbesondere sollten Abkürzungen vervollständigt werden.

Abschließend sei noch auf den Fall eingegangen, daß *Schriften eines Autors* über die im Katalog verzeichneten hinaus gesucht werden. Hier wird das Gebiet der „Personalbibliographie“ betreten. Für eine Reihe von Autoren gibt es „Personalbibliographien“, d. h. Verzeichnisse ihrer Schriften. Ein Verzeichnis von Personalbibliographien ist: Armin, M.: Internationale Personalbibliographie. 1800 bis 1959, in 2. Aufl. erschienen 1944—1963. Ist der Autor in ein biographisches Lexikon aufgenommen, so findet man hier auch ein, zumeist jedoch nur selektives Verzeichnis seiner Schriften. Bei lebenden Autoren sind alle derartigen Bibliographien natürlich durch den Bearbeitungsabschluß zeitlich begrenzt. Für neuere Schriften sind die allgemeinen Bibliographien heranzuziehen. Für Autoren ohne Personalbibliographie ist die Ermittlung ohnehin auf diese allgemeinen Verzeichnisse angewiesen. Für die Erfassung von Aufsätzen in Zeitschriften u. dgl. ist die „Internationale Bibliographie der Zeitschriftenliteratur“ ein wertvolles Instrument. Auf sie wird im Zusammenhang mit Sacherschließung noch näher eingegangen.

2. Erschließung unter sachlichem Gesichtspunkt

Wird nicht eine bestimmte, dem Titel nach mehr oder weniger genau bekannte Schrift, sondern Literatur über ein bestimmtes Thema gesucht, so sind die Sacherschließungsmittel zu benutzen, die die Bibliothek bietet. Es sind dies: die systematische Aufstellung, der systematische Katalog, der Schlagwortkatalog, die Nachschlagewerke und Bibliographien, die Literatur- oder Dokumentationskarteien.

Kaum eine Bibliothek verfügt über ein Sacherschließungssystem mit dem gesamten hier aufgeführten Instrumentarium. Jede muß aber überhaupt die Möglichkeit bieten, Literatur unter sachlichem Gesichtspunkt zu ermitteln. Je mehr Ansätze und Zugriffmöglichkeiten eine Bibliothek dem Benutzer eröffnet, desto besser ist ihr Bestand erschlossen.

a) Systematische Aufstellung

Die systematische Aufstellung von Bibliotheksbeständen ist als Erschließungsinstrument für den Benutzer nur dann wirksam, wenn freier Zugang zu den Regalen möglich ist (Freihandsystem). Umgekehrt ist freier Zugang zu den Regalen für den Benutzer nur begrenzt sinnvoll, wenn die Bestände nicht systematisch geordnet aufgestellt sind.

In den meisten Bibliotheken gibt es freizugänglich und systematisch aufgestellte Bestände. In den *älteren wissenschaftlichen Bibliotheken* Deutschlands ist die Handbibliothek des Lesesaals nach diesem Prinzip aufgestellt. Es handelt sich um einen sehr wichtigen Bestand, auf den noch näher einzugehen ist. Obwohl die Tendenz besteht, ihn zu erweitern, hat er doch nur einen sehr geringen Anteil am Gesamtbestand. Die große Masse der Literatur steht im geschlossenen Magazin und ist nicht freizugänglich. Inzwischen zeichnet sich hier eine moderne Entwicklung ab, die vor allem durch die *neuen Universitätsbibliotheken* ausgelöst ist. Hier werden nicht nur die Lesesaalhandbibliothek, sondern auch große Teile des Gesamtbestandes freizugänglich und systematisch geordnet aufgestellt. Eine vollständige Freihandaufstellung, wie sie z. T. in englischen und amerikanischen Universitätsbibliotheken üblich ist (open access), ist hier jedoch, und zwar aus guten Gründen, nicht beabsichtigt. In den älteren Universitätsbibliotheken geht man jetzt dazu über, Zeitschriftenbestände und vor allem die sogenannten Lehrbuchsammlungen freizugänglich aufzustellen, sofern nur irgend geeigneter Raum dafür vorhanden ist.

Die *Instituts-, Fachbereichs- oder Fakultätsbibliotheken* der Universitäten und Hochschulen sind in der Regel Freihandbibliotheken, die systematisch aufgestellt sind. Im Prinzip handelt es sich hier um Präsenzbibliotheken, aus denen nicht oder nur ausnahmsweise ausgeliehen werden darf. Freilich wird das Prinzip vielfach auch sonst durchbrochen.

Die *öffentlichen Bibliotheken* (Büchereien) sind heute meistens Freihandbibliotheken. Das System hat sich nach dem Zweiten Weltkrieg durchgesetzt, und es sind lediglich äußere, räumliche Gründe, wenn hier und dort noch sogenannte „Thekenbüchereien" existieren. Während kleine und mittlere *Stadt-* oder *Stadtteilbibliotheken* ihren Gesamtbestand freizugänglich aufstellen, handelt es sich bei den großstädtischen *Zentralbibliotheken* zumeist um Auswahlbestände, die freilich beträchtlich größer sind als die der kleineren oder mittleren Bibliotheken; das übrige befindet sich im geschlossenen Magazin. Es besteht die Tendenz, bei Neubauten den Freihandbestand erheblich zu erweitern. Es gibt freilich auch immer noch ältere Stadtbibliotheken mit geschlossenem System.

Bei *Landes-* und *Staatsbibliotheken* sind freizugängliche Bestände über den Lesesaalbestand hinaus selten. Jedoch wird auch hier versucht, den Lesesaalbestand zu vergrößern. Der *freie Zugang* zu einem großen Teil der Bestände ist für den Benutzer ein „Naturrecht". Vom Standpunkt der Bibliothek hat er gewisse Nachteile. Insbesondere hat der Raummangel vielfach dazu geführt, dem Benutzer dies Naturrecht zu beschneiden und zu nehmen. Inzwischen hat sich der Benutzer daran gewöhnt; er meint, es gehöre zu einer „wissenschaftlichen" Bibliothek, daß sie ihre Bestände im Magazin geschlossen aufstelle. Vielfach weicht er jedoch auf Institutsbibliotheken oder sonstige Freihandbibliotheken aus. Tatsächlich ist auch in großen Bibliotheken jedenfalls für beträchtliche Teile des Bestandes freie Zugänglichkeit möglich. Der Benutzer sollte sich auf sein Naturrecht besinnen und die Forderung nach freiem Zugang nachdrücklich erheben. Solche Forderungen versetzen die Bibliotheken in die Lage, ihrerseits entsprechende bauliche, finanzielle und personelle Forderungen zu stellen.

Systematische Aufstellung bedeutet Ordnung der Bestände nach einem bestimmten *System*. Da der Terminus „System" heute sehr vielfältig gebraucht wird, spricht man neuerdings in Anlehnung an ausländischen Sprachgebrauch lieber von *Klassifikation* oder *Klassifikationsschema*. Freilich liegt diesem Schema im wesentlichen das *„System der Wissenschaften"* zugrunde, das das Universum des Wissens in eine Reihe von *Fächern* gliedert, die in sich wiederum nach fachspezifischen Gesichtspunkten in „Disziplinen" gegliedert sind. So ist z. B. die „Chemie" in anorganische, organische und physikalische Chemie, die „Geschichte" in alte, mittlere, neuere und Zeitgeschichte, das „Recht" in Bürgerliches Recht, Strafrecht, Öffentliches Recht usw. eingeteilt. Die einzelnen Disziplinen weisen wieder eine Untergliederung auf, die sich „hierarchisch" bis in feinste Verästelungen fortsetzt.

Andererseits werden die Fächer in *Fächergruppen* zusammengefaßt, wie etwa Natur- und Geisteswissenschaften, oder Naturwissenschaften — Angewandte Wissenschaften — Sozialwissenschaften — Geisteswissenschaften. Innerhalb dieser Großgruppen gibt es wiederum Untergruppen. So sind die Sprach- und Literaturwissenschaften oder „Philologien" eine Untergruppe der Geisteswissenschaften, die sich wiederum aus den „Fächern" Klassische Philologie, Romanistik, Germanistik, Anglistik usw. zusammensetzt.

Während gegen Ende des 19. Jahrhunderts — zur Zeit des Positivismus — angenommen wurde, daß das Wissenschaftssystem in seiner Struktur und seinem Fächerkanon praktisch abgeschlossen sei und die Wissenchaftsentwicklung nur sich in der Spezialisierung, d. h. in einer zunehmenden Aufgliederung des Systems abspiele, hat sich im 20. Jahrhundert gezeigt, daß das System starken *Veränderungen* ausgesetzt war. Bei einzelnen Fächern veränderte sich die innere Struktur erheblich. Die Physik mit ihren „klassischen" Disziplinen Mechanik, Akustik, Optik, Elektrizitätslehre wurde durch die Atomphysik in ihrer Struktur wesentlich beeinflußt; neue Disziplinen wie Kernphysik, Plasmaphysik u. a. entstanden. Gebiete wie Festkörperphysik, Halbleiterphysik, Kristallphysik kamen hinzu bzw. erhielten eine Bedeutung, die sie aus ihrem „klassischen" Zusammenhang ausbrechen ließen. Ähnliches gilt in der Chemie für die Makromolekularchemie. Änderungen solcher Art wirken sich dann auch auf die technischen Anwendungsgebiete dieser Disziplinen aus. So entsteht die Atomtechnik als neues Fach innerhalb der Ingenieurwissenschaften, die Kunststoffchemie wurde eine neue Disziplin innerhalb der chemischen Technologie, während die Kunststoffe selber innerhalb der Werk- und Baustofftechnik eine Veränderung des Schemas hervorriefen.

Für die *Entwicklung* von Disziplinen zu eigenständigen Fächern sind Psychologie und Pädagogik Beispiele. Auch die Politologie kann hier angeführt werden. Andere Fächer haben sich aus Grenz- und Überschneidungsgebieten entwickelt, wie die Biochemie und die Biophysik. Bei den Wirtschaftswissenschaften hat eine eigenartige Entwicklung stattgefunden: zunächst entstand aus einer mehr elementaren Bürotechnik die Betriebswirtschaft als eigenes Fach neben der Volkswirtschaftslehre, heute besteht die Tendenz, beide Wissenschaftsfächer wieder enger zusammenzufassen. Dagegen gliederte sich die Verkehrswissenschaft als neues Fach heraus, das wiederum eine engere Verbindung mit der Verkehrstechnik eingeht. Überhaupt entstehen durch Kombination von Disziplinen aus verschiedenen Fächern neue Fachgebiete wie Planungswissenschaft oder „Futurologie".

Eine ganz neue Fächergruppe entstand durch die wissenschaftliche Erforschung des komplexen Bereichs „Kommunikation". Ausgehend von der Nachrichtentechnik haben sich neue Fächer wie Kybernetik, Informationswissenschaft, Informatik gebildet. Die Sprachwissenschaft versteht sich heute zunehmend als Kommunikationswissenschaft. Ein weiterer „geisteswissenschaftlicher" Beitrag zu dieser neuen Fächergruppierung ist die Publizistik, die lange um ihre Anerkennung als Wissenschaft kämpfen mußte. — Übrigens gehört auch die Bibliothekswissenschaft in den Bereich der Kommunikationswissenschaften.

Der *Strukturwandel* des *Wissenschaftssystems* spiegelt sich auch im fachlichen Strukturwandel der Universitäten wider. Zunächst entstanden überall neue Fakultäten. Heute wird die traditionelle Fakultät als überholt angesehen, und es entstehen Fachbereiche oder auch „interdisziplinäre Institute".

Als Grundlage für ein *bibliothekarisches Klassifikationsschema* erscheint „das" Wissenschaftssystem heute vielfach als fragwürdig. Um die Problematik aufzuzeigen, muß auf das Verhältnis von Klassifikationsschema und Wissenschaftssystem grundsätzlich eingegangen werden. Ein Klassifikationsschema soll keine wissenschaftstheoretische Aufgliederung der Wissenschaft nach Fachgruppen, Fächern, Disziplinen, Gebieten und schließlich Gegenständen der Forschung und Lehre geben, sondern Literatur- oder Titelmassen so ordnen, daß ein Auffinden des Einschlägigen unter sachlichen Gesichtspunkten möglich ist. Was sachlich zusammengehört, soll auch zusammenstehen. Es sind ausschließlich pragmatische Gesichtspunkte, die „das Wissenschaftssystem" als Grundlage wählen lassen. Prinzipiell sind auch andere Gruppierungen möglich. Überhaupt spielen Material-, Literatur- und Funktionskategorien vielfach die primäre Rolle. So werden Handschriften, Druckschriften, Karten, Musikalien, Bilder, insbesondere auch die audio-visuellen Materialien wie Schallplatten, Tonbänder, Dias, Filme usw. ohne Rücksicht auf ihren sachlichen Inhalt voneinander getrennt aufgestellt. Aber auch Bücher, Zeitschriften, Zeitungen stehen aus praktischen Gründen häufig für sich. In kleineren öffentlichen Bibliotheken wird häufig auch die „Schöne Literatur" — alphabetisch nach Verfasser geordnet — von der — systematisch aufgestellten — Sachliteratur getrennt. Schließlich ist die Trennung von ausleihbarem Bestand und nicht-ausleihbarem Bestand — wie Nachschlagewerke, Bibliographien, Zeitschriften, Kostbarkeiten usw. — wiederum ohne Rücksicht auf sachliche Zusammengehörigkeit angezeigt. Diese hat dann, innerhalb der genannten Kategorien, sekundäre Ordnungsfunktion.

Die Schwierigkeiten, die der Strukturwandel des Wissenschaftssystems dem Klassifikationsschema bereitet, sind beträchtlich. Änderungen im Wissenschaftssystem können ein Klassifikationsschema in großen Teilen beeinträchtigen oder unbrauchbar machen. Aber auch Tendenzen in der Literaturproduktion, Massenverschiebungen, Moden können es gefährden. Es ist zu bedenken, daß *Änderungen im Klassifikationsschema* häufig recht arbeitsaufwendige Konsequenzen haben. Ein Klassifikationsschema ist ja nicht nur eine Stoffgliederung, die beliebig veränderbar ist, sondern es muß für alle seine Teile Symbole — Buchstaben, Zahlen, Buchstaben/Zahlen-Kombinationen — festlegen, die beim „Klassifizieren" der einzelnen Stücke des Bestandes übertragen werden müssen und als „Signatur" auf dem Buchrücken erscheinen, damit eine geordnete Aufstellung möglich wird. Die durch die Symbole festgelegte alphanumerische Ordnung ist aber nicht willkürlich umzuändern. Bei allen Änderungen ist ein Umklassifizieren und ein Umsignieren erforderlich.

In Anbetracht der laufenden Änderungen im Wissenschaftssystem ist die Forderung nach einem möglichst *flexiblen Klassifikationsschema* zu stellen, das in der Lage ist, eine Anzahl von Neuerungen aufzufangen und die Folgen von Änderungen auf ein erträgliches Maß einzuschränken. Eine solche Flexibilität wird z. B. dadurch erreicht, daß in der alpha-numerischen Symbolfolge Lücken gelassen werden, die es gestatten, neue Gebiete oder Gegenstände ohne Umordnung einzuordnen, oder notwendig werdende Änderungen auf einen Teilbereich zu begrenzen. Auch sogenannte Schlagwort- oder Namensanhänger, durch die für einen Teilbereich die sachalphabetische Ordnung in die Systematik eingeführt wird, führen zu größerer Flexibilität. Schließlich ist es günstig, auf der Ebene der Fächer auf eine alpha-numerische Ordnung zu verzichten, um Umstellungen ganzer Fächer ohne Schwierigkeiten durchführen, Umarbeitungen auf einzelne Fächer beschränken und Aufgliederungen neuer Fächer mit vergleichsweise geringerem Arbeitsaufwand vornehmen zu können.

In früheren Zeiten haben die Schwierigkeiten, eine Klassifikation dem neuesten Entwicklungsstand des Wissenschaftssystems anzupassen, häufig dazu geführt, auf Umarbeitungen zu verzichten. Das Ergebnis war dann zumeist ein Chaos in der systematischen Aufstellung und Resignation des Bibliothekars. Der freie Zugang wurde erst eingeschränkt, dann gesperrt, die systematische Aufstellung abgebrochen und durch die „mechanische" Aufstellung nach dem Zugang („numerus currens") ersetzt, die, vom Standpunkt der Sacherschließung, das Chaos sanktionierte.

In neuerer Zeit hat der Einsatz der *elektronischen Datenverarbeitung* für die Herstellung von Bibliothekskatalogen die Möglichkeit gegeben, die Arbeit des Umklassifizierens zu erleichtern und damit neue Perspektiven eröffnet. Der Gedanke der *„permanenten Reform"* der systematischen Aufstellung gewinnt an Boden. Der Arbeitsanfall ist, durch Verteilung auf lange Zeiträume, auf ein erträgliches Maß reduziert. So ist es möglich, die Vorzüge, die die systematische Aufstellung für den Benutzer hat, zu erhalten.

Es ist vielleicht gut, daß sich der Benutzer diese *Vorzüge der systematischen Aufstellung* bewußt macht, um zugleich auch die Grenzen dieses Systems zu erkennen. Der Benutzer findet einen großen Teil der Literatur über den Gegenstand, dem sein Interesse gilt, im Regal unmittelbar zusammen. Er kann an Ort und Stelle prüfen, was seinen Zwecken dient, was für ihn in Frage kommt. Wenn er, vom Alphabetischen Katalog kommend, ein bestimmtes Buch im Regal sucht, findet er daneben weitere Literatur zu seinem Thema oder Interessengebiet. Gelegentlich sucht er nur eine bestimmte Einzelheit, will ein Zitat nachprüfen oder verifizieren. Er kann ferner entscheiden, ob er ein ganzes Buch oder mehrere Bücher ausleihen will, oder ob es genügt, sich an Ort und Stelle Notizen zu machen oder eine Kopie von wenigen Seiten herstellen zu lassen. Er sieht, wenige Regalbretter weiter vorn, umfassende Darstellungen, die wesentliche Abschnitte über seinen Gegenstand enthalten; diese mögen oft bedeutsamer sein als spezielle, aber wenig umfangreiche selbständige Schriften zu seinem Thema; zuweilen sind ihm die speziellen Darstellungen auch zu ausführlich und es genügen ihm die Zusammenfassungen. Er kann die Register und Inhaltsverzeichnisse von Büchern und Zeitschriften an Ort und Stelle durchsehen und dabei auf Interessantes stoßen, was zu seinem Thema gehört, das er aber noch nicht wahrgenommen hatte. Er kann außerdem „schmökern" und „rundum" lesen. Natürlich besteht die Gefahr des Sich-festlesens. Auf der anderen Seite wird diesem „Schmökern" (englisch „browsing") ein beträchtlicher pädagogischer Wert beigemessen. Der Benutzer kann sich hier in der Welt der Bücher zu Hause fühlen. Ein weiterer Vorzug ist die „Selbstbediennung". Das umständliche Ausfüllen von Bestell- und Leihscheinen, das lästige Warten auf die Bereitstellung des Buches aus dem geschlossenen Magazin, die vielfach erst am nächsten Tag möglich ist, entfällt.

Der Benutzer muß aber auch die *Grenzen* des Freihandsystems kennen. Er muß wissen, daß er fast stets nur einen Teil der für ihn möglicherweise einschlägigen Bestände im Regal vorfindet. Es gibt Bücher, die mehrere Gegenstände behandeln; sie können nur an einer Stelle des Systems aufgestellt sein. So kann ihm möglicherweise ein wichtiges Buch entgehen. Handelt es sich um eine Ausleihbibliothek, können wichtige Bücher gerade ausgeliehen sein; in einer Präsenzbibliothek mag ein anderer Benutzer solche Bücher gerade an seinem Arbeitsplatz haben. Muß er überhaupt tiefer in die Materie eindringen, so wird die frei aufgestellte Literatur nicht immer genügen; er wird auf Literatur im Magazin zurückgreifen müssen. Selbstverständlich braucht er auch Zeitschriftenliteratur oder Artikel aus Sammelbänden usw.; er wird sie nur sehr unvollständig finden, wenn er sich auf die Durchsicht am Regal beschränkt. Manche Bücher sind auch z. B. wegen „Diebstahlanfälligkeit" oder aus anderen Gründen gesondert aufgestellt. Der Benutzer findet also nur einen Teil des einschlägigen Bestandes. Wenn er sich dieser Tatsache deutlich bewußt ist, kann er entscheiden, ob ihm das gefundene genügt oder ob er über die anderen genannten Erschließungsinstrumente weitersuchen muß.

Ein wichtiger Punkt ist auch die Möglichkeit der *Unordnung*. Sie entsteht häufig dadurch, daß ein Benutzer ein Buch, das er angeblättert oder angelesen hat, am falschen Platz wieder einstellt, sei es gedankenlos, sei es aus Unkenntnis der oft recht komplizierten Signaturen. Im allgemeinen wird der Benutzer in Freihandbibliotheken gebeten, ein dem Regal entnommenes Buch nicht selber wieder einzustellen, sondern dies dem Bibliothekspersonal zu überlassen. Nicht immer wird dieser Bitte entsprochen. Es gibt jedoch auch, insbesondere in Präsenzbibliotheken, den Fall, daß ein Benutzer ein Buch absichtlich verstellt, um es sich für eine spätere Benutzung zu sichern, also andere Benutzer zu hindern, das begehrte Buch zu benutzen. Dieses Verhalten kann nur als asozial bezeichnet werden, aber man muß damit rechnen. Natürlich überprüft das Bibliothekspersonal ständig die Regalordnung, aber es kann nicht immer auf dem laufenden sein. Hier muß an den Benutzer appelliert werden, von sich aus alles zu tun, um die Ordnung zu erhalten. Zugleich muß er darauf hingewiesen werden, daß er gelegentlich mit Unordnung rechnen muß. Stellt er größere Unordnung fest, sollte er das Bibliothekspersonal informieren.

Um die Vorzüge der freizugänglichen systematischen Aufstellung wirklich zu nutzen, muß der Benutzer den richtigen *Zugang* zu ihr finden. Er muß sich in der systematischen Ordnung zurechtfinden, muß wissen, wo was steht. Eine äußere Hilfe leistet die Bibliothek durch *Übersichtstafeln, Schilder* und *Regalbeschriftung*. Bei großen Freihandbeständen, die womöglich über mehrere Geschosse verteilt sind, wird eine Grundrißtafel mit entsprechenden Hinweisen auf die Fächergruppen und Fächer aufgestellt. Sie kann mit optischen Signalen das gesuchte Fach anzeigen. Gedruckte oder vervielfältigte Benutzungsanleitungen enthalten zumeist eine Grundrißskizze. In Großräumen dienen Deckenschilder oder Standschilder als Wegweiser. Sie führen zumeist bis zum Fach. Bei den Regalen zeigen Regalschilder die grobe Untergliederung an, Brettbeschriftungen die feinere. Gelegentlich gibt es auch „Klötze" auf den Regalbrettern, die noch weiter ins einzelne weisen. Eine andere Methode ist das Anbringen von Übersichtstafeln an den Stirnseiten längerer Regalreihen. Alle Schilder und Beschriftungen enthalten sowohl die wörtliche Bezeichnung wie die Fach- und Gruppensymbole („Notationen"). — Bei kleineren Freihandbibliotheken genügen zumeist Regal- und Brettbeschriftungen.

Es fällt auf, daß in ausländischen Bibliotheken mit freiem Zugang auf Beschriftungen vielfach verzichtet wird. Das liegt daran, daß diese Länder *einheitliche nationale Klassifikationen* besitzen. Diese werden bereits in der Schule oder zu Beginn des Universitätsstudiums bekannt gemacht. In den Vereinigten Staaten verwenden so gut wie alle öffentlichen Bibliotheken die „Dewey Decimal Classification" (DDC), während bei den Universitätsbibliotheken die Klassifikation der „Library of Congress" (LCC) vorherrscht. In der Sowjetunion ist die „Bibliotečna-bibliografičeskaja klassifikazija" (BBK) vor kurzem eingeführt. In Schweden haben die öffentlichen Bibliotheken und die neueren Universitätsbibliotheken ebenfalls ein einheitliches Klassifikationsschema. In Frankreich ist die „Universelle Dezimalklassifikation" (UDK) für die neueren Bibliotheken für verbindlich erklärt worden. Dieses Schema ist aus der DDC entwickelt worden und beansprucht internationale Geltung. Viele Spezialbibliotheken des In- und Auslandes wenden sie an. Auch die Dokumentationsstellen arbeiten häufig mit ihr; allerdings spielt bei ihnen die Aufstellung von Bücherbeständen keine so wesentliche Rolle.

Obwohl die Dezimal-Klassifikation in den deutschen öffentlichen und wissenschaftlichen Bibliotheken kaum eingeführt ist, soll sie hier, wegen ihrer allgemeinen Bedeutung, kurz skizziert werden. Ihre Hauptgruppen sind:

0 Allgemeines
1 Philosophie, Psychologie
2 Theologie, Religionswissenschaft
3 Sozialwissenschaften
4 Sprachwissenschaften
5 Naturwissenschaften
6 Angewandte Wissenschaften (Medizin, Technik)
7 Kunstwissenschaften
8 Literaturwissenschaften
9 Geographie, Geschichte

Zu bemerken ist, daß die Gruppe 4 inzwischen mit der Gruppe 8 verbunden worden ist, obwohl diese Neuerung noch keineswegs in allen Ländern eingeführt ist. Die frei gewordene Gruppe 4 soll möglicherweise mit der Geographie besetzt werden, da deren Verbindung mit der Geschichte in der Gruppe 9 sich als wenig günstig erwiesen hat.

Als Beispiel für die weitere Aufgliederung sei die Gruppe 3 „Sozialwissenschaften" angeführt:

30 Soziologie
31 Statistik
32 Politik
33 Volkswirtschaft
34 Recht
35 Öffentliche Verwaltung
36 Fürsorge. Wohlfahrtspflege. Soziale Bewegungen
37 Erziehung. Unterricht
38 Handel. Verkehr
39 Völkerkunde. Volkskunde

Die Gruppe 33 mag als Beispiel für die dritte Gliederungsebene dienen:

330 Allgemeine Volkswirtschaftslehre
331 Arbeit

332 Finanzwesen
333 Grund und Boden
334 Genossenschaftswesen
335 Sozialismus
336 Öffentliche Finanzen
337 Zollwesen
338 Erzeugung von Gütern
339 Verteilung, Verbrauch von Gütern.

Durch weitere Dezimalstellen wird sodann die weitere Aufgliederung symbolisiert.

In unserem Zusammenhang kann nicht näher auf die Vorzüge und Nachteile dieser Klassifikation eingegangen werden. In den deutschen Allgemeinbibliotheken hat sie sich nicht durchgesetzt. Auch in Institutsbibliotheken ist sie kaum anzutreffen. In Spezialbibliotheken kommt sie vor. Die Bibliotheken der Amerika-Häuser verwenden die DDC, die freilich in den oberen Gruppen, auf die sich die Gliederung hier beschränkt, im wesentlichen mit der UDK übereinstimmt.

Von einer *Einheitsklassifikation* kann in Deutschland keine Rede sein. In der DDR wäre die Einführung der BBK denkbar, jedoch verwendet diese für die Notation ihrer Hauptgruppen die Buchstaben des kyrillischen Alphabets, so daß einer Übernahme beträchtliche Schwierigkeiten entgegenstehen. Für die öffentlichen Büchereien der Bundesrepublik Deutschland entstand 1956 eine „Allgemeine Systematik für Büchereien" (ASB), die insbesondere von kleineren und mittleren Büchereien übernommen wurde. Sie genügt jedoch der modernen Entwicklung auf diesem Sektor des Bibliothekswesens, die durch den Fortschritt von der „Volksbücherei" über die „Öffentliche Bücherei" zur „Öffentlichen Bibliothek" (Public Library), vorab in den Bibliothekssystemen der großen Großstädte, gekennzeichnet ist, nicht mehr.

Bei den älteren Universitätsbibliotheken ging mit der

Aufgabe der systematischen Aufstellung das Interesse an systematischer Sacherschließung überhaupt verloren. Bei den neuen Universitätsbibliotheken, die wieder zur systematischen Aufstellung übergehen, konnte wegen des Zeitdrucks, unter dem diese Bibliotheken standen, ein einheitliches Klassifikationsschema nicht entstehen. Die Institutsbibliotheken sind der Schauplatz eines noch größeren Klassifikations-Individualismus; einheitlich ist hier nur die Unzufriedenheit mit den gegenwärtigen Zuständen.

Eigentlich ist die Zeit reif für ein einheitliches Klassifikationsschema für alle Bibliotheken der Bundesrepublik. Es gibt dafür intern-bibliothekarische Gründe, die mit der Entwicklung der elektronischen Datenverarbeitung in den Bibliotheken zusammenhängen. Vor allem aber liegt die Einführung eines *einheitlichen Klassifikationsschemas* im Benutzerinteresse. Jeder Benutzer benutzt im Laufe seines Ausbildungs-, Berufs- und Lebensweges verschiedene Bibliotheken — öffentliche Bibliotheken, Schul- oder Hochschulbibliotheken, Spezialbibliotheken —; es wäre eine große Erleichterung für ihn, wenn er überall das gleiche Prinzip der systematischen Sacherschließung und ein einheitliches Klassifikationsschema vorfinden würde. Ein solches Schema könnte er sich bereits als Schüler in seinen Grundzügen einprägen; von dieser Basis aus findet er sich dann leicht zurecht, wenn sich seine Interessen spezialisieren. Auch hier ist ein Appell an den Benutzer zu richten: er sollte durch nachdrückliche Kritik die Bibliotheken herausfordern, das Problem der einheitlichen Klassifikation in der Bundesrepublik zu lösen.

Natürlich ist eine Lösung nicht kurzfristig möglich. Mit der offiziellen Einführung eines einheitlichen Klassifikationsschemas würde nicht mehr als die Grundlage einer künftigen Entwicklung geschaffen, auf die sich kleinere Bibliotheken leichter als große einstellen können, die es vielleicht mit Millionenbeständen zu tun haben. Auf jeden

Fall muß der Benutzer jetzt und in der nächsten Zukunft den Zugang zu den systematisch aufgestellten Beständen „seiner" Bibliothek durch das *Studium* des hier angewandten *individuellen Klassifikationsschemas* eröffnen, wenn er sich nicht mit der äußeren und daher notwendig oberflächlichen Wegweisung begnügen will. Alle Bibliotheken, die ihre Bestände oder einen großen Teil davon systematisch geordnet freizugänglich aufstellen, stellen die Aufstellungssystematik in gedruckter oder maschinenschriftlicher Vervielfältigung ihren Benutzern zur Einsicht oder zum Studium zur Verfügung. Es kann dem Benutzer nur nachdrücklich empfohlen werden, von dieser Möglichkeit Gebrauch zu machen, jedenfalls auf seinem engeren Interessengebiet.

b) Schlagwortindex

Ein anderer, etwas kürzerer Weg des „Einstiegs" ist der über das *Schlagwortregister* oder den *Schlagwortindex.*

Unter *Schlagwort* wird im bibliothekarischen Sprachgebrauch ein Wort verstanden, das einen Begriff oder Gegenstand „schlagend" oder treffend kennzeichnet. Während das Schlagwort im landläufigen Sinne eine ziemlich oberflächliche Beziehung zu einer Sache anzeigt, wird bibliothekarisch von ihm ein hohes Maß von Präzision verlangt. Es soll den Inhalt des Begriffes oder Gegenstands möglichst klar und genau wiedergeben. — Als Schlagwörter gelten in diesem Zusammenhang auch die Namen von Personen, Familien, Völkern sowie von Orten, Ländern und sonstigen geographischen Einheiten.

Als *Register* wird in der Regel ein Verzeichnis von Begriffen oder Sachen oder Namen verstanden. So gibt es zu Büchern oder Zeitschriften Register — Sachregister, Personenregister, Ortsregister, Gesamtregister —, die auf die Seitenzahlen verweisen, auf denen der entsprechende Gegenstand behandelt wird. Diese Register sind in der Regel alphabetisch geordnet. In der Bibliothek wird als Schlagwortregister (SWR) zumeist das alphabetische Verzeichnis aller Begriffe und Namen verstanden, die in einem Klassifikationsschema erscheinen; bei jedem Schlagwort wird die entsprechende Symbol-Notation des Schemas angegeben, so daß die Sache im Schemazusammenhang aufgefunden werden kann (Anlage 4).

Die Bezeichnung *„Index"* wird in Bibliotheken ziemlich unterschiedlich gebraucht. Im Angelsächsischen ist „Index" zunächst einmal gleichbedeutend mit Register, soweit es sich um Bücher handelt. Sehr häufig wird es auch für periodisch erscheinende Publikationen gebraucht, die unter alphabetisch angeordneten Schlagwörtern Aufsätze aus Zeitschriften bestimmter Fach- oder Sachgebiete verzeichnen. So ist der „Engineering Index" ein Verzeichnis von Aufsätzen aus technischen Zeitschriften; der „Index medicus" verzeichnet Aufsätze aus medizinischen Zeitschriften. Da solche und ähnliche Verzeichnisse aus englischsprachigen Ländern auch in deutschen Bibliotheken gehalten werden, muß dem Benutzer der besondere Sinn des Wortes Index in diesem Zusammenhang bekannt sein. Auf die Sache selbst wird später noch bei den Bibliographien eingegangen werden.

Im deutschen bibliothekarischen Sprachgebrauch ist der *Schlagwortindex* (SwI) ein alphabetisch geordnetes Verzeichnis derjenigen Schlagwörter, die auf Klassifikationsgruppen verweisen, in denen Literatur über den bezeichneten Gegenstand vorhanden ist (Anlage 4). Gegenüber dem SwR ist es einerseits eingeschränkt, andererseits erweitert. Registerbegriffe, über die in der Bibliothek keine Literatur vorhanden ist, entfallen; dagegen kann der SwI Begriffe oder Namen enthalten, die im Klassifikationsschema — und damit im SwR — nicht auftauchen, weil sie zu speziell sind. Der Benutzer eines SwI kann also sicher sein, daß über einen Gegenstand, für den er ein Schlagwort vorfindet, wenigstens ein Buch in der Bibliothek vorhanden ist. Beim SwR besteht diese Sicherheit nicht; außerdem kann es womöglich einen sehr speziellen Begriff, nach dem er sucht, überhaupt nicht enthalten. Er muß dann unter dem Oberbegriff suchen, der ihm vielleicht gar nicht geläufig ist. Leider ist in deutschen Bibliotheken die terminologische Situation nicht immer klar. Es kann dem Benutzer also nur empfohlen werden, den Auskunftsbibliothekar um Hilfe zu bitten, wenn er in einem als SwR oder SwI bezeichneten Schlagwortverzeichnis den von ihm gesuchten Begriff nicht findet. Auch sonst ist der *Umgang mit einem Schlagwortverzeichnis* nicht immer ganz einfach. Ein schneller Erfolg ist nur dann gesichert, wenn Schlagwortgeber und Schlagwortsucher dieselbe Bezeichnung verwenden. Das ist natürlich zumeist der Fall, jedoch nicht immer. Findet der Benutzer den gesuchten Gegenstand nicht unter dem von ihm gedanklich formulierten Schlagwort, sollte er es unter einer anderen möglichen Formulierung versuchen, bevor er sich an den Bibliothekar wendet.

Zu beachten ist ferner, daß ein umfassendes Schlagwort zumeist *Unterschlagwörter* aufweist, die wiederum Unterschlagwörter zur Folge haben können. Es kann zu sogenannten Schlagwortketten kommen. Auf einige Schwierigkeiten sei besonders hingewiesen. Im allgemeinen sind Schlagwörter *Substantive* im Nominativ *Singularis;* nicht selten müssen sie jedoch auch im *Plural* angesetzt werden; gelegentlich drücken Singular und Pluralform verschiedene Sachverhalte aus; dabei kann es vorkommen, daß die Pluralform einen Umlaut erhält, der die beiden Formen im Alphabet voneinander trennt (Gärten — Garten, Rad — Räder). Ähnliche Situationen können eintreten, wenn der Ansatz von *Adjektivableitungen* erforderlich ist, was insbesondere bei Länder- und Völkernamen vorkommt (Frankreich — französisch), aber auch sonst (Volk — völkisch). Besondere Schwierigkeiten bereiten auch *Zeitbegriffe,* wenn sie durch Zahlwörter bezeichnet sind (18. Jahrhundert); als Hauptschlagwort werden sie alphabetisiert, in der Unterschlagwortreihe wird häufig die Zahlenfolge bevorzugt.

In der Regel versucht der SwI möglichst viele Formen oder Kombinationen zur Geltung zu bringen, damit dem Benutzer das Auffinden erleichtert wird. Jedoch sind vom Umfang her gewisse Grenzen gesetzt. Insbesondere sind bei Synonyma Verweisungen von der einen Form auf die andere nicht ganz zu vermeiden.

Wird der SwI in *Listenform* geführt, ist eine gewisse Übersicht gewährleistet. Bei einem SwI in *Karteiform* kann dem Benutzer nur empfohlen werden, nicht zu resignieren, wenn er ein Schlagwort nicht auf Anhieb findet, sondern auf jeden Fall in der „näheren Umgebung" zu suchen, da häufig nur geringe Formulierungsunterschiede vorliegen.

In Bibliotheken mit systematischer Aufstellung werden neben dem Gesamtindex auch gelegentlich *Fach-indices* geführt. Ist ein Schlagwort eindeutig fachgebunden, wird der Benutzer es in dem einschlägigen Fachindex finden, sofern es überhaupt registriert ist. Es gibt aber auch Grenzfälle, in denen sich die Bibliothek zu einer anderen Fachzuordnung entschlossen haben mag, als der Benutzer erwartet. Es ist also ratsam, bei negativem Sucherfolg am Fachindex den Gesamtindex zu konsultieren.

Hat der Benutzer das Schlagwort gefunden, das er suchte, so schreibt er sich die *Notation* (Klassifizierungssymbol) der systematischen Gruppe, in der die entsprechende Literatur steht, am besten auf, sofern sie nicht gerade leicht merkbar ist. Sind mehrere Notationen angegeben, so ist die Notierung auf jeden Fall ratsam. Nun kann er an das Regal gehen und die entsprechenden Signaturen suchen. Er kann dann prüfen, welche Literatur für ihn von Interesse ist.

c) *Sachkataloge*

Es wurde bereits auf die Grenzen der freizugänglichen Aufstellung hingewiesen. In vielen Fällen wird der Benutzer mit dem, was auf dem Regal gerade anwesend ist, auskommen. In anderen Fällen reicht das Gefundene nicht aus. Zumindest ist zu prüfen, ob andere relevante Literatur in der Bibliothek vorhanden ist. In diesem Falle wird der Benutzer den Sachkatalog der Bibliothek hinzuziehen. Weist der Katalog einen Magazinstandort nach, kann der Benutzer sie unter der angegebenen Signatur bestellen. Zeigt der Katalog an, daß interessante Titel vorhanden sind, aber nicht im Regal stehen, so kann er sie vormerken lassen. In einer Bibliothek ohne freizugängliche Aufstellung ist der Sachkatalog überhaupt das primäre Mittel der Bestandserschließung unter sachlich-inhaltlichen Gesichtspunkten.

Es gibt zwei Arten des Sachkatalogs: den systematischen und den sachalphabetischen oder Schlagwortkatalog.

Der *systematische Katalog* (SyK) verzeichnet die Titel unter systematischen Gesichtspunkten. Für ihn gilt in vieler Hinsicht das über die systematische Aufstellung Gesagte. Wie dieser liegt dem SyK ein Klassifikationsschema zugrunde, nach dem die einzelnen Titel klassifiziert bzw. in den Katalog eingeordnet werden. In den meisten Bibliotheken ist der SyK ein Karten- oder Zettelkatalog, wird also in Karteiform geführt. Er ist in Katalogschränken untergebracht. Die einzelnen Katalogkästen haben an der Stirnseite *Schildchen,* auf denen Fach, Disziplin, Abteilung oder Gruppe angegeben sind, für die sich Titelzettel im Kasten befinden. Innerhalb des Kastens ist der Block der Titelkarten durch *Leitkarten* untergliedert, deren *Nasen* aus dem Block hervorragen und entsprechende Beschriftungen tragen. Da sich die Leitkarten gelegentlich verdecken, empfiehlt es sich, die Leitkarten im Umkreis des Interessengebietes zu „klappen", damit alle Beschriftungen erkennbar sind. Für die *Ordnung* der *Titelkarten* hinter der Leitkarte gibt es keine verbindlichen Regeln. Hier werden sie alphabetisch nach dem Verfasser, dort chronologisch nach dem Erscheinungsjahr, in anderen schlag- und stichwortalphabetisch geordnet. Vielfach fällt es dem Benutzer schwer, das Ordnungsprinzip zu erkennen. Es ist aber auch gar nicht so wichtig für ihn. Er tut nämlich gut daran, die Zettel hinter einer Leitkarte alle durchzublättern, um so möglichst viele Titelinformationen zu erhalten. Das ist auch nicht zu viel verlangt, wenn sich die Bibliothek an die Regel hält, im allgemeinen nicht mehr als 40 Titelkarten hinter einer Leitkarte aufzustellen. Sind es mehr, kann der Benutzer den Bibliothekar der Katalogauskunft gerne darauf aufmerksam machen. Es gibt freilich sogenannte „Formalgruppen", in denen sich manchmal das Überschreiten der Grenzzahl nicht vermeiden läßt. Diese *Formalgruppen* — „Bibliographien", „Zeitschriften", „Serien", „Sammelwerke", „Hand- und Lehrbücher" — stehen zumeist am Anfang der Fächer oder größerer Teilgebiete von Fächern. Den Formalgruppen folgt dann die weitere *fachliche Aufgliederung* des Zettelmaterials, die an den Leitkartenüberschriften abzulesen ist. Die Kartenkataloge — oder Kataloge in Karteiform — haben seit Beginn des 20. Jahrhunderts die älteren Kapsel- oder die noch älteren Bandkataloge nach und nach abgelöst. Es gibt aber immer noch Bibliotheken, die jedenfalls ihr älteres Material in diesen Katalogformen auch systematisch nachweisen. Man spricht hier zumeist noch von *Realkatalog,* womit also ein Sachkatalog gemeint ist, der in irgendeiner Weise systematisch gegliedert ist.

Interessant ist nun, daß die modernste Entwicklung, die durch den Einsatz der elektronischen Datenverarbeitung gekennzeichnet ist, wieder auf den *Bandkatalog* zurückkommt. Der SyK in Bandform bietet dem Benutzer erhebliche Vorteile. Er gibt eine größere Übersicht, die Ordnungsprinzipien sind durchschaubar, man kann ihn durchblättern, kann Bände nebeneinander benutzen. Natürlich muß er in handlichem Format angelegt und gut leserlich gedruckt sein (Anlage 5). Erforderlich sind ferner Zwischen- oder Kolumnenüberschriften sowie am Anfang eines jeden Bandes ein Übersichtsblatt über die Gliederung. Ein sehr großer Vorteil ist der, daß der Benutzer sich Kopien der ihn interessierenden Blätter herstellen kann. Ein großer Nachteil besteht darin, daß der durch die EDV hergestellte Bandkatalog nur durch *Supplemente* auf dem laufenden gehalten werden kann. Der Benutzer muß sich also daran gewöhnen, nicht nur im Grundkatalog, sondern auch im Supplement unter der gleichen Notation nachzuschlagen.

Die Notwendigkeit, in *mehreren Katalogen* zu suchen, ergibt sich auch, wenn eine Bibliothek einen alten Katalog abgebrochen und einen neuen begonnen hat. So kann sie einen alten Realkatalog in Bandform, einen neueren SyK in Karteiform, einen modernen EDV-hergestellten systematischen Bandkatalog mit Supplement nebeneinander besitzen. Manchmal ist der Einschnitt nach Erscheinungsjahren gemacht, manchmal aber auch nicht, z. B. wenn die Absicht besteht, nach und nach auch den Altbestand in den neuesten Katalog einzuarbeiten. Für den Benutzer ist es zweckmäßig, bei dem neuesten Katalog, also etwa dem Supplement zum gedruckten Sachkatalog, mit seiner Suche anzufangen und dann zum nächstälteren überzugehen. Es hängt vom Thema oder seiner Absicht ab, ob er sich die Durchsicht der ältesten ersparen kann, oder ob sie unvermeidlich ist.

Bei systematischen Katalogen ist es erforderlich, daß die Bibliothek dem Benutzer die *Fachsystematik*, nach der der Katalog gegliedert ist, zur Verfügung stellt. Es kann jedem Benutzer nur empfohlen werden, bei Gelegenheit diese Fachsystematik, soweit sie seine Interessengebiete betrifft, durchzusehen. Es gibt ja sehr viele Möglichkeiten der sachlichen Gliederung eines Faches, jede hat Vor- und Nachteile, die Bibliothek muß sich schließlich für eine entscheiden. Sie mag nicht immer der Vorstellung oder dem Geschmack des Benutzers entsprechen, aber er muß sich darauf einstellen. Er sollte sich die Zeit nehmen, sie soweit zu studieren, daß ihm die Sucharbeit am Katalog erleichtert wird.

Ist die Suche jedoch eilig und auf ein enges Thema begrenzt, so wird der *Schlagwortindex* benutzt, um die richtige Stelle im SyK zu finden. Es wird also ähnlich vorgegangen wie bei der systematischen Aufstellung.

Natürlich ergibt sich das Problem, ob der *Katalog* nach der selben Fachsystematik gegliedert sein soll wie die *Aufstellung*. Manche Bibliotheken ziehen für die Aufstellung eine grobe Gliederung vor. Sie verwenden dann eine eigene Aufstellungssystematik, die mit der des systematischen Katalogs, jedenfalls in den Notationen, entweder überhaupt nicht oder nur in den oberen Stufen des Systems korrespondiert. Natürlich kommt es dem Benutzer entgegen, wenn eine solche *Korrespondenz* in ziemlichem Umfang besteht, da er dann zwischen Aufstellung und Katalog besser hin- und herpendeln kann. Außerdem ist in diesem Falle ein einheitlicher Schlagwortindex zu verwenden.

Der Benutzer wird sich also Klarheit darüber verschaffen müssen, ob und wie weit eine Korrespondenz existiert und worin ggf. die *Unterschiede* bestehen. Zumeist sind sie an unterschiedlichen Notationsformen zu erkennen. Liegt der Unterschied nur in der Erschließungstiefe, so muß der Benutzer wissen, wo die Notation für die Aufstellung aufhört, damit er dort nicht eine Signatur sucht, die es nicht geben kann.

Jede *Aufstellungssignatur* ist eine individuelle Größe; die *Notation* im SyK ist dagegen ein Gruppensymbol. Ist die Aufstellungssignatur aus Gruppensymbol und Individualbezeichnung zusammengesetzt, muß die Grenze erkennbar sein.

Signatur	ger 720.3/13	BK 31 z d 637	B 30/207
Notation	ger 720.372	BK 31241	381.12

Beim ersten Beispiel wird die Grenze durch den Schrägstrich, beim zweiten durch den Kleinbuchstaben gekennzeichnet. Andere Formen sind möglich. Das dritte Beispiel bezieht sich auf den Fall, daß Aufstellungs- und Katalogsystematik verschieden sind.

Vielfach wird bei systematischer Aufstellung kein systematischer, sondern ein sachalphabetischer oder *Schlagwortkatalog* geführt, um das ergänzende Erschließungsprinzip zur Geltung zu bringen. Der Schlagwortkatalog unterscheidet sich vom Schlagwortindex erheblich, obwohl natürlich beiden das Schlagwortprinzip zugrunde liegt. Während der SwI bei jedem Schlagwort nur die Notation der Gruppe aufführt, in der sich entsprechende Titel in Aufstellung oder Katalog befinden, bringt der SwK die Titel selbst. Damit gibt er dem Benutzer direkte Literaturinformation. Allerdings muß der SwK wesentlich stärker mit *Verweisungen* arbeiten als der SwI, weil er ja die Titelaufführungen bei synonymen Wörtern oder ähnlichen Begriffen aus ökonomischen Gründen nicht immer wiederholen kann (Bücherei s. Bibliothek). Das gleiche gilt für Ober- und Unterbegriffe. Entweder wird nach dem „engsten Begriff" geordnet — dann sind Verweisungen zum Oberbegriff erforderlich (Kinderbücherei s. a. Bibliothek), um auch die übergreifende Literatur zur Kenntnis zu bringen —, oder der „weite Begriff" ist maßgebend — dann muß von den Unterbegriffen auf den Oberbegriff verwiesen werden (Kinderbücherei, s. Bibliothek, Kinder). Der SwK benötigt also, wenn er sich auf die verschiedenen Möglichkeiten des Zugriffs durch den Benutzer einstellen will, ein *Verweisungssystem*. Der SwK mit sehr weiten Schlagwörtern, die dann entsprechend untergliedert sein müssen, benötigt sogar ein *Schlagwortregister*, das vom engen Begriff über eine Schlagwortkette zur Fundstelle im

Katalog führt (Gruppenunterricht s. Bildungswesen, Schulen, Unterricht). In vielen Fällen wird der Benutzer also auch nicht den direkten Weg zu den Titeln finden, er tut jedenfalls gut daran, sich auf Umwege einzustellen. Bei vielen SwK fehlt jedoch ein voll ausgebautes Verweisungssystem, da nicht alle Möglichkeiten des Zugriffs von vorneherein bedacht oder semantische Änderungen nicht wahrgenommen oder berücksichtigt wurden. Findet der Benutzer das für sein Thema oder Interessengebiet von ihm selbst gebildete Schlagwort nicht, so wird er unter synonymen Wörtern oder ähnlichen Begriffen oder unter dem Oberbegriff suchen, bis er etwas findet.

Ein gut geführter SwK hat auch ein *systematisches Register*. Es verweist auf Schlagwörter, die in systematischem Zusammenhang mit dem Schlagwort des ersten Zugriffs stehen (vgl. Anlage 8). Es ist zu Rate zu ziehen, wenn der erste Zugriff nicht sehr erfolgreich war. Natürlich muß dann jedes Schlagwort im Alphabet mit einer *Notation* versehen sein, über die im Register die anderen Schlagwörter gefunden werden.

Eine Hilfe bei der Suche des richtigen Schlagwortes ist die *Schlagwortliste*, die dem Benutzer zur Verfügung stehen sollte. Sie wird als *Thesaurus* bezeichnet, wenn sie das gesamte Verweisungssystem enthält und durch ein systematisches Register der Schlagwörter ergänzt wird (Anlage 6). Ist der SwK als Ergänzung zur systematischen Aufstellung gedacht, so kann die *Aufstellungssystematik* dem systematischen Schlagwortregister zugrundegelegt sein. Zuweilen wird aber auch eine feinere Systematik gewählt. In jedem Falle besteht jedoch eine Verbindung zur Aufstellungssystematik, nämlich über die *Standortsignatur* der Titel, die unter dem gefundenen Schlagwort vereinigt sind. So fungiert der SwK als eine Art SwI zur systematischen Aufstellung.

Die meisten deutschen „wissenschaftlichen Bibliotheken"

haben seit geraumer Zeit die systematische Aufstellung für die Masse ihrer Bestände aufgegeben und sie nur für Teile ihres Bestandes beibehalten oder wieder eingeführt. Der Benutzer wird also zumeist den Sachkatalog nicht als ergänzendes, sondern als Hauptinstrument gebrauchen müssen, wenn er Literatur über ein bestimmtes Sachgebiet oder Thema sucht. Es wäre sicherlich eine Erleichterung für ihn, wenn *sowohl ein systematischer wie ein Schlagwortkatalog* zur Verfügung stünden: bei einem enger umgrenzten Thema würde er den SwK konsultieren, bei einem weitergefaßten den SyK. Es gibt jedoch nur wenige Bibliotheken, die beide Kataloge führen, da mit der Führung von Sachkatalogen ein beträchtlicher Arbeitsaufwand verbunden ist, den sich die meisten Bibliotheken nicht leisten können. Es besteht aber Übereinstimmung darin, daß sowohl das Schlagwortprinzip wie das systematische zur Geltung gebracht werden sollten.

So haben systematische Kataloge fast stets *Schlagwort-Indices* oder -Register. Der Benutzer, der Literatur zu einem *eng begrenzten Thema* sucht, wird die Arbeit also am Schlagwortindex beginnen und dann die unter dem Schlagwort angegebene Notation im SyK aufsuchen und dort die entsprechenden Titel finden. Am Katalog wird er dann sehen, wie weit er die benachbarten oder die übergeordneten Gruppen in die Sucharbeit einbeziehen muß.

Schlagwortkataloge haben bisher noch selten systematische Register, jedoch zumeist Schlagwortlisten oder -register, in denen bei den weiten Begriffen die Schlagwörter der dazugehörigen Unterbegriffe aufgeführt sind. Bei einem *weiter-gefaßten Interesse* wird der Benutzer den entsprechenden Begriff im systematischen Register oder in der Schlagwortliste aufsuchen und dann alle Schlagwörter finden, die ihn interessieren könnten. Unter diesen Schlagwörtern ermittelt er dann im SwK die entsprechenden Titel.

Gelegentlich kommen auch *Mischformen* beider Sachkatalogarten vor. Ein Fachschlagwortkatalog gliedert den Titelbestand zunächst systematisch nach Fächern auf und beginnt mit der alphabetischen Schlagwortordnung in jedem Fach neu. Aber auch in systematisch weiter durchgegliederten Katalogen treten sogenannte Schlagwortreihen auf. Umgekehrt gibt es in Schlagwortkatalogen bei bestimmten Schlagwörtern — z. B. Personen und Ländern — gewisse systematische oder formale Gruppierungen. In der Regel sind derartige Einschübe relativ leicht erkennbar, so daß sie keine Schwierigkeiten bei der Katalogbenutzung bereiten.

Auf eine besondere Mischform sei an dieser Stelle hingewiesen: den *Kreuz-Katalog* („Dictionary catalog"). Er bringt den Verfasser- und Titelkatalog mit dem Schlagwortkatalog in ein Alphabet. Sein Vorzug ist, daß er Schriften von und über Autoren zusammenbringt. Dafür nimmt er aber manche Komplikationen in Kauf. In Amerika ist er Tradition, in Deutschland kommt er kaum vor. Darum braucht auf seine Probleme nicht weiter eingegangen zu werden.

d) *Sonderkataloge*

Von größerer Bedeutung sind Sonderkataloge, die in manchen deutschen Bibliotheken eingeführt sind. Zu nennen sind hier vor allem biographische Personenkataloge und geographische oder Länder- und Ortskataloge.

Personenkataloge führen die Literatur über Personen und ihre Werke in einem Namensalphabet auf. Der Zugriff ist hier schnell, obwohl Unterschiede in der Namensansetzung (Ludwig XIV./Louis XIV) Verweisungen nötig machen. In der Regel werden die entsprechenden Titel im systematischen Katalog nicht mehr aufgeführt, so daß hier Lücken entstehen, die in stark personenbezogenen Fächern — Geschichte, Literaturgeschichte u. a. — besonders empfindlich sind. Umgekehrt fehlen im Personenkatalog allgemeine Darstellungen oder auch Sammelbiographien, die für die Kenntnis der Person oft ergiebiger sind als das vorhandene, direkt auf die Person bezogene Material. In vielen Fällen wird der Benutzer zwischen systematischem und Personenkatalog pendeln müssen, um genügend Literatur nachgewiesen zu bekommen.

Beim *Länderkatalog* ist die Situation ähnlich. Er hat den Vorzug, daß er alle auf einzelne Länder bezogene Literatur, die im systematischen Katalog fachlich zerstreut ist, zusammenbringt. Das ist besonders für Regionalstudien („area studies") wichtig. Zwar ist die Literatur auch über den Schlagwortindex des SyK zu ermitteln, ebenso über die entsprechenden Schlagwörter im SwK, aber das Verfahren ist ziemlich umständlich. Für den Benutzer, der Literatur über ein Land oder eine Region sucht, ist ein Länderkatalog also eine sehr nützliche Einrichtung. Für den systematischen Katalog bedeutet der Länderkatalog jedoch wiederum eine gewisse Entleerung, wenn alles auf ein Land oder eine Region bezogene Titelmaterial in ihm fehlt. Häufig werden daher bestimmte Titel sowohl im Länderkatalog wie im SyK oder SwK aufgeführt.

Für den Länderkatalog ist in der Regel eine geographisch-systematische Anordnung gegeben. Beim *Ortskatalog* ist die alphabetische Anordnung üblich. Es ergeben sich hier wiederum Probleme der Namensansetzung (Kopenhagen/København), die durch Verweisungen gelöst werden können. Unter dem Ort wird, wenn viel Literatur vorhanden ist, das Titelmaterial zumeist formal und systematisch gegliedert. Lücken im systematischen Katalog entstehen vorwiegend bei den Fächern Kunst, Geographie und Geschichte, wenn auf Doppelverzeichnung verzichtet wird. Wird der Ortskatalog neben dem Länderkatalog geführt, entstehen hier empfindliche Lücken. Zumeist werden daher Ortsalphabete an die einzelnen Länder angehängt, zumindest in Registerform. Wird auf den Ortskatalog als Sonderkatalog verzichtet, ist ein Ortsregister zum Länderkatalog nötig. Da sehr viele verschiedene Möglichkeiten bestehen, muß sich der Benutzer mit dem Katalogsystem und seinen Registern vertraut machen.

Vielfach haben Bibliotheken nur einen geographisch-topographischen Sonderkatalog, nämlich für die Literatur über den Ort oder die Region, in denen sie liegen. Solche *lokalen oder regionalen Kataloge* sind besonders in Landes- und Stadtbibliotheken nützlich. Die anderen Sachkataloge werden durch diese Sonderkataloge kaum berührt. Der Benutzer muß aber wissen, daß das lokale oder regionale Material zumeist nicht in den allgemeinen Sachkatalogen verzeichnet wird.

Weitere Sonderkataloge beziehen sich auf bestimmte Literaturkategorien oder besondere Materialien. Auf diese wird später im Gesamtzusammenhang eingegangen.

e) Bibliographische Ermittlung

Einige Bibliotheken haben *überhaupt keine Sachkataloge*. Hier ist der Benutzer auf gedruckte Bibliographien oder Literaturkarteien, die von Literaturstellen bezogen werden, angewiesen. Bibliotheken, die auf eigene Sachkataloge verzichten, begründen den Verzicht damit, daß der Benutzer ohnehin auf die bibliographischen Apparate angewiesen sei, wenn er einen einigermaßen vollständigen Literaturnachweis benötige. Das ist nun freilich keineswegs immer der Fall. Sehr oft genügt dem Benutzer eine Auswahl, und es liegt nahe, daß er primär auf das zurückgreift, was die Bibliothek besitzt. In der Bibliographie wird relativ viel Literatur angezeigt. Der Benutzer muß nun alle interessierenden Titel am Alphabetischen Katalog nachschlagen. Viele der Titel sind in der Bibliothek nicht vorhanden, und so ist der Benutzer nicht selten enttäuscht. Er kann diese Titel zwar im auswärtigen Leihverkehr bestellen, muß aber mit einer ziemlich langen Lieferfrist rechnen. Der Verzicht auf eigene Sachkataloge ist eigentlich nur in einer Bibliothek zu verantworten, die als Ergänzungsbibliothek zu anderen Bibliotheken am Ort konzipiert ist. Andernfalls ist das System abschreckend. Es verstößt auch gegen die wissenschaftliche Arbeitsökonomie, denn es ist keineswegs immer und für alles vollständige bibliographische Information nötig. Gerade der Spezialist braucht für Rand- oder Allgemeingebiete keine spezielle, sondern allgemeine Literatur. Hier ist der Weg über die Bibliographie umständlich und lästig, während der Weg über die systematische Aufstellung oder den Sachkatalog schnell zum Ziel führt.

Nichtsdestotrotz ist der Benutzer in bestimmten Situationen — z. B. bei größeren Arbeiten — darauf angewiesen, mit dem *bibliographischen Apparat* zu arbeiten, um einen möglichst weitgehenden Literaturnachweis zu erhalten. Die Arbeit mit Bibliographien ist auch unter sachlichem Gesichtspunkt nicht einfach. Die bibliographische Situation ist sehr uneinheitlich und es bedarf erheblicher Geduld, Ausdauer, Zeit und Erfahrung, um den bibliographischen Apparat richtig auszuwerten. Im folgenden können nur einige allgemeine Hinweise gegeben werden, um jedenfalls die Anfangssituation zu klären.

Allgemein wird zwischen Fachbibliographien und Allgemeinbibliographien unterschieden. Diese verzeichnen die Literatur überhaupt oder bestimmte Literaturkategorien ohne fachliche Begrenzung, jene sind fachlich orientiert. Zwischen den beiden Kategorien stehen die Regional- oder Ortsbibliographien. Sie sind thematisch, aber nicht fachlich begrenzt. Personalbibliographien beziehen sich auf Personen, die freilich zumeist einem Fach zuzuordnen sind und insofern als Spezialbibliographien bezeichnet werden können, die Literatur über ein Spezialgebiet nachweisen.

Bei den *Fachbibliographien* gibt es verschiedene Formen. Einführende Auswahlbibliographien werden zumeist

Bücherkunden genannt. Ihre Aufgabe ist der Hinweis auf die wichtigste oder Standardliteratur eines Faches. In größeren Bibliotheken ist zumeist erheblich mehr Literatur vorhanden. Die Bücherkunden dienen also nicht der Ergänzung des Sachkataloges, sondern der Selektionshilfe für den ersten Zugang zur Fachliteratur. Der Benutzer kann sie bei seiner Arbeit am Katalog zu Rate ziehen. Nicht für alle Fächer gibt es „Bücherkunden". Der Benutzer, der die wichtigste Literatur eines Faches kennenlernen möchte, wird sich also im „bibliographischen Apparat" informieren, ob es nicht eine „Bücherkunde" des Faches gibt, die ihm helfen kann.

Während die Bücherkunden nur die wichtigsten und einführenden Bücher verzeichnen, nehmen die eigentlich *wissenschaftlichen Fachbibliographien* die verschiedene Fachliteratur mit mehr oder weniger hohem Vollständigkeitsgrad auf. Unterschieden wird zwischen retrospektiven und laufenden Fachbibliographien.

Die *retrospektive* Bibliographie verzeichnet die bis zu einem bestimmten Zeitpunkt erschienene Literatur. Der Zeitraum ist entweder im Titel angegeben oder er ergibt sich aus dem Erscheinungsjahr der Bibliographie. Für die Ermittlung älterer Literatur ist die retrospektive Bibliographie ein gutes Hilfsmittel, da sie zusammenfaßt. Gelegentlich erscheinen Supplemente, die die Bibliographien auf einen neueren Stand bringen. Sie stehen im „bibliographischen Apparat" unmittelbar hinter dem Stammwerk.

Die *laufende Fachbibliographie* erscheint jährlich, halb- oder vierteljährlich, monatlich oder in noch kürzeren Zeitabständen. Sie führt näher an die neueste Literatur heran. Je kürzer die Erscheinungsperiode, desto neuer die Literatur, die verzeichnet ist. Natürlich ist es bei der Suche nach bestimmter Literatur nötig, in mehreren Heften oder Bänden nachzuschlagen, was die Arbeit erschwert. Gelegentlich gibt es sogenannte „Kumulationen", bei denen älteres Material in die jeweils neueste Ausgabe mit aufgenommen wird, oder Register, die jedenfalls kurze Titelangaben zusammenfassen. Der Benutzer wird sich über die Struktur der Bibliographien seines Faches oder Interessengebietes informieren, um einen höheren Benutzungseffekt zu erzielen.

Die Fachbibliographien sind zumeist *systematisch* gegliedert. Es kommen aber auch solche mit sachalphabetischer Anordnung des Titelmaterials vor. Bei formal-alphabetischer Anordnung nach Verfassern sind jedenfalls *Sachregister* vorhanden. Die Ermittlung von Literatur unter sachlichem Gesichtspunkt ist hier zwar erschwert, aber immerhin möglich.

Es gibt Fachbibliographien, die nur Bücher verzeichnen. Die meisten jedoch, insbesondere die laufenden, führen auch *Zeitschriftenaufsätze,* Artikel von Sammelschriften und sonstige „unselbständige Dokumente" auf. Es gibt Fachbibliographien, die sich darauf beschränken, die Fachzeitschriften oder eine Auswahl der wichtigsten zu „indizieren". Sie werden häufig „Index" genannt. Der Benutzer tut gut daran, sich über den besonderen Charakter der Bibliographie zu informieren, wenn er sie erfolgreich benutzen will.

Die Bibliographie im engeren Sinne enthält nur die *Titel* der Dokumente. Manche Titel sagen über den Inhalt eines Dokumentes wenig aus. Wenn auch die sachliche Einordnung den sachlichen Zusammenhang anzeigt, so gibt die *annotierte Bibliographie* ein Mehr an Informationen, das die Selektion erleichtert. Die *Annotation* ergänzt den Titel durch Zusätze, die den Inhalt genauer bestimmen. Noch weiter geht die Literaturinformation, wenn dem Titel eine Reihe von *Deskriptoren* oder Schlagwörtern hinzugefügt werden. Eine kurze, zusammenhängende Inhaltsbeschreibung wird *Referat* („Abstract") genannt. Laufende Fachbibliographien, die den Titeln Referate hinzufügen, sind die *Referatenblätter* („Abstracts"). Sie geben die meiste Information zum einzelnen Titel. *Literatur- und Fortschrittsberichte* („Advances in ...") bringen Literaturinformationen im Zusammenhang.

Der Vorteil größeren Informationsgehalts bedingt allerdings meistens einen stärkeren Zeitverzug.

Die reinen Titelverzeichnisse sind mit der Anzeige meistens schneller. Das gilt vor allem für die modernen, maschinell hergestellten Titelverzeichnisse nach dem *Stichwortprinzip* (KWIC-Index, KWOC-Index). Hier werden die Sachwörter, nach denen geordnet wird, dem Titel des Dokuments entnommen, wobei sie freilich — jedenfalls so lange automatische Übersetzung noch nicht stattfindet — in der Originalsprache erscheinen. Der Benutzer solcher Indices muß sich bei der Wahl der Suchwörter über diesen Sachverhalt klar sein.

Eine sehr moderne, eigenartige Form der Fachbibliographie ist der *Zitierung-Index* („Citation Index"). Hier ist zwar von einem bestimmten, bekannten Dokument auszugehen, jedoch wird durch den Nachweis der Zitierung des Dokumentes der Zusammenhang mit anderen sachlich gleichen, verwandten oder weiterführenden Dokumenten hergestellt. Im allgemeinen wird von dieser interessanten Möglichkeit noch wenig Gebrauch gemacht. Allerdings ist es erforderlich, daß sich der Benutzer in den Umgang mit diesem Hilfsmittel einführen läßt.

Neben den Fachbibliographien, die in Bänden oder Heften erscheinen, gibt es fachliche Literaturnachweise in Karteiform, die *Literatur- oder Dokumentationskarteien* genannt werden. Sie sind zumeist systematisch, aber auch schlagwortalphabetisch geordnet. Die in regelmäßigen Abständen herausgebrachten neuen Karteikarten müssen von der Bibliothek, die einen solchen *Literaturdienst* abonniert hat, laufend eingeordnet werden. Da das Einordnen nicht selten als lästige Arbeit empfunden wird und leicht in Verzug gerät, tut der Benutzer einer solchen Kartei gut daran, sich nach dem Bearbeitungsstand zu erkundigen. — Um die Einordnungsarbeit zu eliminieren, gibt es auch nach laufender Nummer geordnete Karteien, die durch Sachregister erschlossen werden. Freilich wird der eigentliche Vorzug der Kartei gegenüber der konventionellen Bibliographie, nämlich das einschlägige Titelmaterial in einer Sachgruppe oder unter einem Schlagwort zusammenzuhaben, aufgehoben. — Zumeist sind die Karteikarten mit Referaten versehen.

Für die *retrospektive Recherche* ist die Kartei natürlich besonders günstig. Für die bloße laufende Information ist die Heftform günstiger. Durch Register zu den Bänden ist die Recherche immerhin möglich.

Es gibt aber auch reine *Informationsdienste,* zumeist in Listenform, die auf Register ganz verzichten. Ihr Vorzug ist die Schnelligkeit des Erscheinens. Recherchen sind, auch wenn die Listen abgeheftet werden und somit zur Verfügung stehen, nur mit hohem Arbeitsaufwand möglich. Häufig werden sie als Verbrauchsmaterial angesehen. In allgemeinen Bibliotheken besteht häufig eine gewisse Abneigung gegen diese Dienste, die jedenfalls in Spezialbibliotheken unentbehrlich sind und laufend durchgesehen werden müssen.

Gelegentlich kommen auch Informationsdienste vor, bei denen die Blätter perforiert sind, so daß der Aufbau einer Kartei möglich ist. Natürlich kann die Bibliothek die Titel auch ausschneiden, auf Karteikarten aufkleben und auf diese Weise eine Kartei herstellen. Jedoch ist das eine recht aufwendige Arbeit, die sich zumeist nur Spezialbibliotheken leisten können.

Dem Benutzer ist jedenfalls zu raten, sich zu informieren, welche fachlichen Literaturdienste es gibt, welche seine Bibliothek hält und wie sie damit verfährt. Häufig werden sie *nicht genügend ausgenutzt,* und bei der Bibliothek schwindet das Interesse an diesen, zumeist nicht billigen Einrichtungen, die an sich ein beachtliches Informationspotential darstellen.

Als *Spezialbibliographien* können Bibliographien bezeichnet werden, die sich auf ein sehr enges Spezialgebiet innerhalb eines Faches beziehen, oder auch solche, die unter speziellem thematischen Gesichtspunkt Literatur aus verschiedenen Fachgebieten verzeichnen. Für einen Benutzer ist es natürlich günstig, wenn er für sein Spezialgebiet eine Spezialbibliographie vorfindet. Ist er weniger Spezialist als Interessent, mag ihm die Spezialbibliographie ggf. des Guten zu viel bieten.

Die *Personalbibliographie* wurde bereits im Zusammenhang mit dem formalen Nachweis der Schriften eines Autors erwähnt. Unter sachlichem Gesichtspunkt interessieren die Bibliographien, die das Schrifttum *über* eine Person verzeichnen. Eine solche Bibliographie wird auch *Bio-Bibliographie* genannt, doch ist die Terminologie nicht zwingend. Bei einem Autoren spricht man von primärer Personalbibliographie, wenn nur seine eigenen Schriften verzeichnet werden, von sekundärer, wenn sie sich auf die Literatur über ihn bezieht. Häufig sind beide Formen verbunden. Wer also über eine Person arbeitet, wird zunächst feststellen, ob es eine und welche Form von Personalbibliographien es über ihn gibt.

Länder- oder *Regionalbibliographien* verzeichnen das Schrifttum über ein Land bzw. eine Region. Grundsätzlich werden alle Fachgebiete berücksichtigt, jedoch liegt es in der Natur der Sache, daß das geographisch-historische Material überwiegt. Das gleiche gilt für *Ortsbibliographien.*

Die *bibliographische Situation* ist in den einzelnen Fächern und Sachbereichen sehr unterschiedlich. In der Medizin, den Naturwissenschaften und einem Teil der technischen Fachgebiete kann sie als günstig bezeichnet werden. Allerdings muß der Benutzer sich darüber klar sein, daß die wichtigsten Indices und Referatenorgane englisch-sprachig sind. Freilich liegt es in der Eigenart der naturwissenschaftlichen Studiengänge, daß die Literaturarbeit zumeist erst in einem mehr fortgeschrittenen Stadium einsetzt. Der Anfänger sollte immerhin wissen, daß es ein reichhaltiges Instrumentarium gibt, mit dem er sich nicht zu spät befassen sollte.

Bei den Geisteswissenschaften ist die Bibliographiebenutzung wesentlich früher angezeigt. Allerdings ist die bibliographische Situation hier im Durchschnitt weniger günstig. Der Benutzer tut gut daran, sich an Hand des „bibliographischen Apparates" seiner Bibliothek über die Lage auf seinem Fach- oder Interessengebiet zu informieren.

Eine ziemlich weit verbreitete Erscheinung ist der bereits erwähnte *Zeitverzug* auf dem Gebiet der Fachbibliographie. Die Berichterstattung „hinkt nach", nicht selten um Jahre. Der Benutzer, der ja gerade auch an den neuesten Erscheinungen auf seinem Fachgebiet interessiert ist oder ggf. sicher sein will, daß an für ihn Relevantem nichts Neues erschienen ist, wird daher vielfach auf die *Allgemeinbibliographien* zurückgreifen müssen. Diese gestatten, direkt oder indirekt, auch den sachbezogenen Zugriff auf die Literatur.

Die wichtigsten Allgemeinbibliographien sind die *Nationalbibliographien* oder entsprechende Publikationen. Diese zeigen, zumeist wöchentlich, die Neuerscheinungen des Buchhandels, einschließlich der Neuauflagen und Neuausgaben, sowie sonstiger publizierender Stellen an. Häufig erscheinen sie in verschiedenen Reihen oder Serien, die Buchhandelspublikationen, amtliche Publikationen oder bestimmte Literaturkategorien wie Dissertationen, Musikalien, Karten usw. für sich verzeichnen. Dabei kann die Erscheinungsperiode unterschiedlich sein. Zumeist gibt es sogenannte Kumulationen, die halbjährlich, jährlich oder mehrjährlich das in der Grundbibliographie angezeigte Material zusammenfassen. Außerdem gibt es zusammenfassende Register, die im Monats- oder Vierteljahresabstand erscheinen mögen. Auch die Struktur ist verschieden. Es gibt formalalphabetisch, sachalphabetisch und systematisch geordnete Bibliographien, aber auch den Wechsel des Ordnungsprinzips von der Grundbibliographie zu den Kumulationen.

Leider ist also die *Situation* für den Benutzer nicht einfach, und es gehört einige Geduld dazu, sich hier einen einigermaßen zutreffenden Überblick zu verschaffen. Im allgemeinen wird der Benutzer nur dann, wenn er zu intensiver bibliographischer Arbeit gezwungen ist, in dieses Dickicht eindringen wollen. Zumeist wird es auch genügen, wenn er mit der Nationalbibliographie seines Landes und der einen oder anderen fremdsprachigen Bibliographie umgehen lernt. Im folgenden wird daher ein kurzer Überblick über die *Deutsche Bibliographie* gegeben, dem ein noch kürzerer Hinweis auf die *Britische Nationalbibliographie*, die einen wesentlichen Teil des englischsprachigen Schrifttums anzeigt, folgt.

Die Deutsche Bibliographie gibt als Primärbibliographie das *„Wöchentliche Verzeichnis"* heraus, in der die Titel der deutschen Verlagserzeugnisse, in 26 Gruppen zusammengefaßt, aufgeführt werden. Jedes Heft enthält auch ein Autoren- und Stichwortgegister. Diese Register werden monatlich kumuliert. Im *„Halbjahresverzeichnis"* werden alle Titel des letzten Halbjahres in alphabetischer Anordnung in einem Bande aufgeführt. Ein zweiter Band ist der *Registerband*. Dieser ist sachalphabetisch nach Schlagwörtern geordnet; die Titel sind leicht gekürzt, enthalten aber genügend Informationen. Diesen Registerband wird also derjenige benutzen, der Literatur über ein begrenztes Thema sucht. Der Band enthält aber auch eine systematische Übersicht über die vergebenen Schlagwortarten (Anlage 7). Die Übersicht ist eine Hilfe für den Fall, daß das Thema doch etwas weiter angelegt ist. Der Benutzer findet hier also alle Schlagwörter, die sein Thema berühren, und unter denen er dann Literatur nachschlagen kann. Die nächste Kumulation ist das *„Fünfjahresverzeichnis"*, das in seiner Anordnung dem Halbjahresverzeichnis entspricht. Wer also Literatur über ein Thema oder Sachgebiet sucht, wird auch hier die Registerbände heranziehen.

Das Wöchentliche Verzeichnis gehört zur Reihe A der Deutschen Bibliographie. Die Reihe B veröffentlicht vierzehntägig die Titel der nicht im Buchhandel erschienenen Publikationen — z. B. amtliche Schriften u. dgl. —. Die Reihe C erscheint vierteljährlich und verzeichnet das erschienene Kartenmaterial. Die Titel der Reihe B werden in Auswahl in das Halbjahresverzeichnis und das Fünfjahresverzeichnis aufgenommen. Diese beiden Verzeichnisse enthalten übrigens auch die deutschsprachigen Publikationen aus Österreich und der Schweiz, während DDR-Publikationen bereits in das Wöchentliche Verzeichnis aufgenommen werden.

Wer die Deutsche Bibliographie benutzt, um deutsche Literatur über ein Thema zu vermitteln, wird zunächst einen *Zeitpunkt* festsetzen, von dem ab er recherchieren will. Er wird bei dem Fünfjahresverzeichnis beginnen, das diesen Zeitpunkt umfaßt; er schreitet dann bis zu dem zuletzt erschienenen fort und geht dann zu den Halbjahresverzeichnissen über, bis er das neueste erreicht. Dann stehen ihm die „Wöchentlichen Verzeichnisse" mit ihren Registern zur Verfügung. Natürlich kann er auch den umgekehrten Weg gehen, vor allem wenn es ihm auf die neueste und neuere Literatur, weniger auf Vollständigkeit ankommt.

Die „Deutsche Bibliographie" beginnt erst mit dem Fünfjahresverzeichnis 1945—1950. Für ältere Literatur steht dann das „Deutsche Bücherverzeichnis" und seine Vorgänger zur Verfügung. In den deutschen Bibliotheken von einiger Größe sind die entsprechenden Verzeichnisse für die Berichtszeit von 1750 bis zur Gegenwart lückenlos aufgestellt.

Es muß noch darauf hingewiesen werden, das die „Deutsche Bibliographie" eine wichtige Literaturkategorie bis 1970 nicht verzeichnet hat: die *Dissertationen.* Diese werden im „Jahresverzeichnis der deutschen Hochschulschriften" nachgewiesen, das in Leipzig, leider mit erheblichem Zeitverlust, erscheint. Es ist nach Hochschulen und Fakultäten gegliedert, enthält aber auch ein Sachregister, das den Zugang vom Schlagwort her ermöglicht. Dissertationen haben häufig einen erheblichen bibliographischen Informationswert durch die Literaturverzeichnisse, die sie enthalten. Ermittelt man eine Dissertation aus dem Umkreis seines Themas, so kann man sich umständliche Suche nach Literatur vor Erscheinen der Dissertation sparen. Bei intensiver Literaturrecherche kann es ratsam sein, beim Deutschen Hochschulschriftenverzeichnis sein Glück zu versuchen; bei einer Universitätsbibliothek wird die ermittelte Dissertation auch schnell zur Verfügung stehen. — Ab 1971 werden die Dissertationen auch in der Frankfurter „Deutschen Bibliographie" verzeichnet.

Die Kumulationen der deutschen Bibliographie enthalten auch die Titel von neuen *Zeitschriften,* jedoch gibt es auch das bereits erwähnte Zeitschriftenverzeichnis. Nun kommt es aber bei der Suche nach Sachliteratur nicht primär auf die Zeitschriften, sondern auf die *Zeitschriftenaufsätze* an. Diese enthält die Deutsche Bibliographie nicht. Dafür gibt es die in Deutschland erscheinende „Internationale Bibliographie der Zeitschriftenliteratur" (Dietrich). Sie erscheint halbjährlich und verzeichnet Aufsätze aus Zeitschriften, Festschriften, Sammelwerken u. dgl. unter Schlagwörtern. Die Benutzung des „Dietrich" ist nicht ganz einfach, es lohnt sich jedoch, sich vom bibliothekarischen Personal einweisen zu lassen.

Die *„British National Bibliography"* erscheint primär

auch wöchentlich, hat Monatsregister, Vierteljahresausgaben und wird dann zu Jahresbänden kumuliert. Sie ist systematisch gegliedert, und zwar nach der Dewey-Decimal-Classification. Außerdem gibt es Autoren-, Titel- und Schlagwortregister. Für denjenigen, der die DK-Zahl für sein Thema einmal ermittelt hat, ist die Recherche in der BNB sehr einfach. Freilich enthält auch sie nur Bücher und selbständige Druckschriften, also keine Zeitschriftenaufsätze. Dem Engländer stehen hierfür eine Reihe von „Fachindices" zur Verfügung, die sich der Fachbibliographie nähern. In Deutschland sind die wichtigsten von ihnen nur in großen Bibliotheken vorhanden.

Im allgemeinen ist die Arbeit mit dem *bibliographischen Apparat* dann erforderlich, wenn entweder das Katalogsystem der Bibliothek nicht ausreicht, oder die Bestände zu gering sind oder erscheinen. Da die meisten Bibliotheken Zeitschriftenaufsätze nicht oder nur in begrenztem Umfang katalogisieren, wird jeder bei intensiverer Arbeit Fachbibliographien oder Indices benutzen müssen. Ist der Bibliotheksbestand, zumindest im Hinblick auf ein engeres Thema, zu gering. was zumeist bei kleineren Stadtbibliotheken der Fall ist, eröffnet die Bibliographie den Weg zu einschlägigen Titeln, die dann im Leihverkehr der Bibliotheken von auswärts bestellt werden können. Es ist daher wichtig, daß auch kleinere Bibliotheken einen ausreichenden bibliographischen Apparat haben; der Benutzer sollte jedenfalls darauf dringen. Aber auch bei umfangreicheren Beständen kann bibliographische Kontrolle erforderlich sein, um sich zu vergewissern, daß kein wichtiger Titel zum Thema ausgelassen wurde.

f) Nachschlagewerke

Sucht der Benutzer Literatur zum Thema nicht möglichst vollständig, sondern im Gegenteil einige wenige, aber wesentliche Titel, so kann es sein, daß der Bibliothekskatalog ihm *zu viel* anbietet. Eigentlich sollten Bibliotheken in ihren Sachkatalogen dem Benutzer gewisse Auswahlhilfen geben, jedoch ist eine entsprechende Titelkennzeichnung bisher kaum üblich. Der bibliographische Apparat kann hier auch nur mit *Auswahlbibliographien* helfen, z. B. mit den erwähnten „Bücherkunden". Aber ob solche gerade für das einschlägige Thema vorhanden oder aussagekräftig sind, ist ungewiß. Der aussichtsreichere Weg geht über die sogenannten Nachschlagewerke.

Unter *Nachschlagewerken* versteht man vornehmlich Enzyklopädien, Lexika, Hand- und Taschenbücher. Die Bezeichnung *Enzyklopädie* ist ein wenig veraltet, wird jedoch immer wieder gern verwandt für ein „allumfassendes" Werk. Es kann sachalphabetisch oder auch systematisch angeordnet sein. Beim *Lexikon* oder Wörterbuch überwiegt die alphabetische Anordnung in einem Ausmaß, daß lexikalisch und alphabetisch häufig als gleichbedeutend gelten. Es gibt *Konversationslexika*, die „universal" sind, obwohl auch sie zumeist gewisse Schwerpunkte haben. So bringen die großen nationalen Lexika im allgemeinen die nationale Thematik ausführlicher. *Sachlexika* sind auf bestimmte Sach- oder Fachgebiete eingeschränkt; sie heißen häufig Sachwörterbuch, Handwörterbuch oder ähnlich mit der entsprechenden Sach- oder Fachbezeichnung. Wichtig sind auch *biographische Lexika*; es gibt auch *geographische* und *Ortslexika*. Auf die eigentlichen *Wörterbücher*, die der sprachlichen Orientierung dienen, sei in diesem Zusammenhang nur hingewiesen.

Handbücher sind systematisch angeordnet. Es handelt sich zumeist um umfangreiche, dickleibige, mehrbändige Werke, die die „Handlichkeit" längst eingebüßt haben. Unter *Taschenbüchern* werden in diesem Zusammenhang nicht „pocket books" verstanden, sondern fachliche Nachschlagewerke, die vor allem Fakten bringen; auch sie haben zumeist kein „Taschenformat" mehr, sondern sich zu ziemlicher Dickleibigkeit entwickelt. Als Nachschlagewerke können auch vielfach *wissenschaftliche Lehrbücher* und viele *Fachbücher* verwendet werden. Alle diese systematisch gegliederten Werke haben in der Regel alphabetische Sachregister, die den Zugriff bei spezieller Thematik erleichtern.

Von besonderer Bedeutung in unserem Zusammenhang ist die Tatsache, daß zumindest die größeren Nachschlagewerke *Literaturangaben* enthalten, und zwar häufig nur die wirklich wesentlichen. Hier ist also eine Vorauswahl getroffen; ist auch sie noch zu weit, so kann sie vom Benutzer eingeengt werden, z. B. auf die neuere Literatur. Einen gewissen Nachteil hat freilich der Weg über die Nachschlagwerke: sie sind prinzipiell im Augenblick des Erscheinens bereits veraltet. In jedem einzelnen Falle ist zu prüfen, wie hoch der Grad der Veraltung ist. Erster Anhaltspunkt ist das Erscheinungsjahr; es ist in jedem Falle festzustellen. Doch sagt es nicht in jedem Falle das gleiche aus, da der Vorgang des Veraltens in vielen Fächern sehr unterschiedlich verläuft. Im einzelnen muß also geprüft werden, ob man sich mit den Literaturangaben zufriedengeben kann. Auch mit Nachschlagewerken ist also kritisch und nicht unreflektiert umzugehen.

Das gilt natürlich auch für die *Sachinformationen,* die sie enthalten und für die sie ja im Grunde bestimmt sind. Vielfach will der Benutzer eigentlich gar nicht mehr als diese Sachinformation, und häufig genügt sie tatsächlich. Allerdings sollte sich der Benutzer angewöhnen, nicht nur *ein* Nachschlagewerk zu konsultieren, sondern, wenn irgendmöglich, *mehrere,* um die Angaben vergleichen zu können. Gelegentlich ist er jedoch froh, überhaupt eine Angabe zu finden.

In der Regel sind die Nachschlagewerke der Bibliothek im *Lesesaal* aufgestellt. In den modernen Bibliotheken, in denen an die Stelle des Lesesaals die *Lese- oder Arbeits-*

zone in enger Verbindung mit dem freizugänglich aufgestellten Bestand tritt, ist also der Übergang vom Nachschlagebestand zum übrigen Bestand leicht und empfehlenswert. Man kann sagen: die ganze Bibliothek wird hier zum Nachschlagebestand. Der Benutzer kann an Ort und Stelle prüfen, was für ihn infrage kommt. Das gilt natürlich im strengen Sinne nur für die Präsenzbibliothek. In der Ausleihbibliothek kann wichtiges gerade ausgeliehen sein. Darauf wurde schon hingewiesen. Es kann aber nicht oft genug gesagt werden, daß eine Bibliothek kritisch und nicht unreflektiert benutzt sein will.

Bei Titeln, die in Bibliographien oder Nachschlagewerken festgestellt werden, ist natürlich eine *Titelnotierung* erforderlich, da nunmehr der Weg zum *Alphabetischen Katalog* führt. Hat man vorher am Bestand oder an den Sachkatalogen Literatur ermittelt, so ist die Notierung dieser Titel und das Nachschlagen am AK natürlich nicht mehr erforderlich. Freilich kann man sich bei einer sehr großen Zahl von Titeln nicht auf sein Gedächtnis verlassen. Darum ist es gut, auch die Titel, die man am Sachkatalog oder in der systematischen Aufstellung gefunden hat, zu notieren. Das geordnete Titelmaterial kann dann bei der Bibliographie-Arbeit verglichen werden.

V. Umgang mit sonstigem Material und technischen Medien

Die Bibliothek hat es nicht nur mit Büchern und Zeitschriften zu tun, sondern auch mit verschiedenen anderen Materialien, die in ihr gesammelt, erschlossen und der Benutzung zur Verfügung gestellt werden.

Nur erwähnt sei das *handschriftliche* Material. Es kann sich dabei um mittelalterliche „Handschriften" — das sind „Bücher" der Zeit — oder um neuzeitliche „Autographen"

— Manuskripte, Entwürfe, Briefe — handeln. Dieses Material wird besonders aufbewahrt und katalogisiert, und der Benutzer wird den Zugang zu diesem Material praktisch nur über den Bibliothekar und entsprechende Kontakte finden. Sehr große Bibliotheken haben eine besondere Handschriftenabteilung. In diesem Zusammenhang sei auch die besondere Behandlung von Drucken aus der *Frühzeit* des Buchdruckes (Wiegendrucke, Frühdrucke) erwähnt. Von der neueren Literatur werden Erstausgaben oder besondere Kostbarkeiten für sich gestellt, jedoch in die allgemeinen Kataloge mit aufgenommen.

Näher, wenn auch nur kurz, einzugehen ist auf das sonstige gedruckte Material, die technischen Medien und die Probleme der elektronischen Speicherung und Erschließung.

1. Sonstiges gedrucktes Material

Bei dem sonstigen gedruckten Material handelt es sich um Kleinschrifttum, Zeitungen, Karten, Bilder und Noten. Dieses Material wird separat aufgestellt bzw. aufbewahrt und besonders erschlossen.

a) Kleinschrifttum

In Deutschland wird Kleinschrifttum, das aus wenigen Blättern besteht, nur ungern in die Bibliothek aufgenommen, es sei denn, es gehört einem speziellen Sammelgebiet an. Wenn es aufgenommen wurde, wird es zumeist katalogisiert und in Kapseln im Magazin aufgestellt. In den USA werden die „pamphlets" anders behandelt. Da dies Material nicht selten einen beträchtlichen, wenn auch schnell vergänglichen Informationswert besitzt, stellt man es in sogenannten „vertical files" grob geordnet, dem Publikum zur Verfügung. Es handelt sich um Karteischränke mit großen Zügen, in denen das Material aufgestellt oder in Hängevorrichtungen eingelegt wird. Auf die Katalogisierung wird verzichtet.

Es ist anzunehmen, daß diese Form der Darbietung auch in deutschen Bibliotheken eingeführt wird. In öffentlichen Bibliotheken ist sie hin und wieder anzutreffen, aber auch in Spezialbibliotheken, handelt es sich doch nicht nur um sehr allgemeines, sondern auch um sehr spezielles Material, z. B. um vervielfältigte Typoskripte von Kongreßvorträgen usw., die als „preprints" oder „papers" wichtig sind, bis sie im gedruckten Kongreßbericht veröffentlicht werden. Auch Sonderdrucke aus Zeitschriften, die die Bibliothek selber nicht hält, können hier untergebracht werden, ebenso Prospekte, Maschinen- und Gerätbeschreibungen u. dgl.

Bei den größeren allgemeinwissenschaftlichen Bibliotheken besteht noch eine gewisse Abneigung gegen dieses Material. Sie ist verständlich, wenn nicht genügend Personal vorhanden ist, um auch nur das „normale" Material zügig zu bearbeiten. Es liegt aber auch mit an der Bibliotheksstruktur. Je mehr sich der Gedanke des „Informationssystems" durchsetzt, desto mehr wird dem Informationswert dieses Materials Rechnung getragen werden müssen.

Da das Material *sachlich geordnet* ist, dient das „Vertical file"-System — ein passendes deutsches Wort gibt es noch nicht — der Literatur- oder Informationssuche unter sachlichem Gesichtspunkt. Für den Benutzer ist es das günstigste, wenn die Ordnung der der systematischen Aufstellung oder der des Sachkatalogs entspricht, da dann die Korrespondenz hergestellt ist. Er wird sich jedoch vielfach auf eine gröbere Ordnung einstellen müssen, muß sich angewöhnen, in den Kästen zu „stöbern", und manchen guten Fund dem Zufall verdanken.

Für den *formalen Nachweis* ist das System natürlich ziemlich ungeeignet. Immerhin ist es auch nicht ausgeschlossen, ein bestimmtes „Papier" zu finden, wenn sein sachlicher Inhalt eindeutig ist.

b) Zeitungen

Zeitungen sind heute wichtiges Bibliotheksmaterial. Sie werden keineswegs nur für die „Zeitungswissenschaft", sondern in einigen anderen Wissenschaften — Geschichte, Kulturgeschichte, Politik, Soziologie, Wirtschaftswissenschaft, Sprachwissenschaft — als Quellenmaterial gebraucht.

Die Grenze zwischen *Zeitschrift* und *Zeitung* ist nicht immer ganz eindeutig zu ziehen. Es gibt Zeitschriften im Zeitungsformat, und nicht nur die Tageszeitung ist Zeitung — manches Wochenblatt gehört in diese Kategorie.

Zumeist werden die Zeitungen ebenso wie die Zeitschriften in den *Bibliothekskatalogen* geführt. Früher war das häufig nicht der Fall, und manche Bibliothek hat Zeitungsbestände, ohne daß ein Nachweis besteht. Es gibt für die deutschsprachige Presse einen „Gesamtkatalog" bei der Staatsbibliothek Bremen, der zwar nicht vollständig ist, aber doch viele Nachweise liefern kann. Ein Auswahlverzeichnis wird im Druck erscheinen.

Besondere Schwierigkeiten bietet die Erschließung der *Zeitungsinhalte,* sofern die Zeitung selbst nicht Register herausbringt. Viele Artikel sind nicht gezeichnet, die Überschriften häufig nichtssagend. Die reinen Nachrichten sind in vielen Zeitungen gleich. Manchmal interessieren auch weder die Nachrichten, noch die Artikel, sondern die Anzeigen. Früher hat der bereits erwähnte „Dietrich" auch wichtige Zeitungsartikel bibliographisch erfaßt. Heute ist das aufgegeben. Bei der Abteilung „Deutsche Presseforschung" bei der Staatsbibliothek Bremen wird die deutsche Presse des 17. Jahrhunderts ausgewertet und für die historische Forschung erschlossen.

In der Regel wird der Benutzer, der die Zeitung als Erschließungsquelle oder für persönliche Nachforschungen braucht, einen *bestimmten Zeitraum* im Auge haben. Es bleibt ihm dann nicht erspart, die entsprechenden Zeitungen im Lesesaal oder einem entsprechenden Raum *durchzublättern*. Immer mehr Zeitungen werden heute auch auf *Mikrofilm* aufgenommen. Die Handhabung ist dann etwas einfacher. Auch können sofort Kopien einzelner Seiten oder Artikel hergestellt werden.

In den amerikanischen Public Libraries gehört die *Zeitungsausschnittsammlung* zur Selbstverständlichkeit. Auch in einigen deutschen öffentlichen Bibliotheken ist sie eingeführt. Ihre Herstellung und Unterhaltung ist ziemlich arbeitsaufwendig, auch wenn man mit einfachen Mitteln arbeitet. Sie wird hauptsächlich von Lehrern und Schülern benutzt. Für die politische Bildung spielt sie sicherlich eine Rolle. Die Ordnung des Materials erfolgt zumeist nach politischen Ereignissen. Aber auch örtliche Ereignisse spielen eine Rolle. Der Zugriff ist im großen einfach, im einzelnen ist das Material durchzustöbern. Im allgemeinen wird es vernichtet, wenn das aktuelle Interesse erlischt oder größere Publikationen vorliegen.

Viele Bibliotheken halten anstelle der Ausschnittssammlung das „Munzinger Archiv", das aktuelle Ereignisse auf politischem und kulturellem Gebiet durch Zitate aus Tageszeitungen oder Meldungen von Nachrichtenagenturen belegt.

c) Karten

Landkarten gehören seit langem zum Bibliotheksgut. Allerdings ist das Interesse der Bibliotheken an der Sammlung von Karten recht unterschiedlich. Neben solchen mit ausgezeichneten und gut gepflegten Kartensammlungen gibt es welche, die kaum Karten besitzen, oder die eine ältere Sammlung nicht weiter führen usw. Der Grund ist wiederum, daß die Bearbeitung des „normalen" Bibliotheksgutes, das Priorität hat, nur knapp — oder auch das noch nicht einmal — geschafft wird. So kommen die Sondermaterialien zu kurz. Die Folge ist, daß das Publikum in Bibliotheken Kartensammlungen nicht erwartet, die Benutzung des Vorhandenen zurückgeht, die Bibliothek nun auch keinen Grund sieht, die Kartensammlung zu aktivieren.

Grundsätzlich sollten alle *öffentlichen Bibliotheken* Kartensammlungen besitzen, die wenigstens auf die Region eingestellt sind. In Stadtbibliotheken sollten auch die größeren Kartenwerke des Landes sowie eine umfangreiche Sammlung von Stadtplänen vorhanden sein. An *Universitäten* befinden sich die Kartensammlungen häufig in den entsprechenden Instituten; aber auch bei der zentralen Universitätsbibliothek sollte ein Bestand vorhanden sein, da Karten verschiedener Art nicht nur von Fachinstitutsangehörigen gebraucht werden. Bei *Schulen* stehen die Wandkarten im Vordergrund.

Die Zurückhaltung der Bibliotheken gegenüber Karten liegt jedenfalls teilweise auch an dem Umstand, daß sie nicht leicht zu bearbeiten und bereitzustellen sind. Der *formale Nachweis* ist erschwert, weil die Titelnormierung noch geringer entwickelt ist als bei Büchern und Zeitschriften. Die „Preußischen Instruktionen" enthalten einen Anhang über die Titelaufnahme von Karten, der die Schwierigkeiten erkennen läßt. Auf der Benutzerseite ist die formale Titelkenntnis auf einen relativ kleinen Spezialistenkreis beschränkt, Bedarf besteht aber auch für einen größeren Kreis von Nicht-Spezialisten.

Bei der *Sacherschließung* stehen das regionale und das Fachprinzip einander gegenüber. Zwar entfällt das Gros der Karten auf die „Geo-wissenschaften" — Geographie und Geologie —, aber kartographische Darstellungen gibt es in vielen anderen Wissenschaften: Astronomie, Biologie, Medizin, Demographie, Wirtschaftswissenschaften,

Planologie, Geschichte, Volkskunde, Sprachwissenschaften u. a. Dabei sind die geographischen Karten zumeist die Grundkarten, die von allen gebraucht werden. Sicher ist das regional-topographische Interesse das überwiegende und muß in einem Kartenkatalog zur Geltung gebracht werden. Auf der anderen Seite muß die Ermittlung vom Fachstandpunkt sichergestellt sein.

Der *freie Zugang* zum Kartenmaterial ist ausgesprochen problematisch. Das Material ist außerordentlich unterschiedlich. Es gibt Karten, die gefalzt sind und, leicht verstärkt, in Steilkarteien bereitgestellt werden können. Die Falzung beeinträchtigt aber die Lebensdauer. Aufgezogene und gefalzte Karten erschweren die Benutzung. Plane Kartenblätter sind für die wissenschaftliche oder fachliche Benutzung am günstigsten. Ihr Format ist aber sehr unterschiedlich, so daß eine irgendwie sachlich bestimmte Ordnung, als Voraussetzung für sinnvollen freien Zugang, zu Schwierigkeiten führt.

Die *Unterbringung* in Kartenschränken mit planen Schüben ist verbreitet, doch ist das Auffinden und die Handhabung erschwert, da viele Karten übereinanderliegen. Daher setzen sich Kartenschränke für Steil- oder Schrägablage durch. Bei Hängekartenschränken ist eine besondere Bearbeitung der Karten erforderlich, die aufwendig ist. Im allgemeinen wird auf eine sachliche Ordnung des Materials verzichtet, die Ordnung nach Kategorien bevorzugt. Fachliche und regionale Ermittlung ist nur über *Kataloge* möglich. Es gibt jedoch ausländische Bibliotheken, die die Karten streng regional ablegen und auf jede Art von Katalogen verzichten. Bei sehr kleinen Kartensammlungen ist das Prinzip auf jeden Fall empfehlenswert.

Sehr große Kartensammlungen sind zumeist als *Kartenabteilung* organisiert. Hier ist jedenfalls die geordnete Bearbeitung gesichert, und der Benutzer findet auch die besonderen Einrichtungen — Kartentische, Beleuchtung, Kopiermöglichkeit — vor. Es entfällt dann freilich die Verbindung zum Buchmaterial, soweit es nicht ausgesprochen kartographisch ist.

Eine Problematik ergibt sich auch aus der Tatsache, daß vielen *Büchern* — insbesondere der Geographie und der Geologie — *Kartenmaterial* beigegeben ist. Solche Bücher werden vielfach von der Ausleihe ausgenommen. Noch schwieriger ist die Situation bei freizugänglicher Aufstellung. Sofern das Material nicht befestigt ist, wird es dem Buch entnommen und für sich aufgestellt und ausgegeben werden müssen.

Gebundene *Atlanten* können und müssen, jedenfalls in bestimmtem Umfang, dem Publikum im Leseraum freizugänglich gemacht werden, am besten auf Atlantenpulten. Es gibt jedoch auch Atlanten in Mappenform, die nicht frei zur Verfügung gestellt werden können.

Bei Bibliotheken, die in *Fachabteilungen* gegliedert sind, wird das geowissenschaftliche Kartenmaterial am besten in räumlicher Verbindung mit den Fachbereichen Geographie und Geologie konzentriert, das übrige bei den einschlägigen Fächern bereitgestellt.

Für den *Benutzer* bleibt die Notwendigkeit, sich in der Bibliothek über die Organisation des Kartenmaterials zu informieren und bei der Ermittlung jedenfalls anfänglich die Hilfe des Bibliothekspersonals in Anspruch zu nehmen. Die individuelle *Ausleihe* von Karten ist in der Regel nicht möglich. Bei einer Ausleihe an Gruppen, z. B. für Exkursionen, sind besondere Bedingungen zu erfüllen.

d) Bilder

Daß auch Bilder zum Bibliotheksgut gehören, ist verhältnismäßig wenig bekannt. Ihre Sammlung ist jedoch, soweit es sich um *Bildreproduktionen* handelt, durchaus legitim. Allerdings sind es bisher auch nur verhältnismäßig wenig Bibliotheken, die Reproduktionen sammeln und bereitstellen. Das ist zum großen Teil finanziell bedingt. Hinzu kommt, daß es Bildreproduktionen in Büchern gibt, die den meisten Ansprüchen zu genügen scheinen.

Im Ausland wird, unter dem Gesichtspunkt des Drucks, gelegentlich sogar *Originaldruckgraphik* in Bibliotheken gesammelt. In Deutschland fällt diese Aufgabe den Kunstmuseen zu. Die Sammlung von *Plakaten* in Bibliotheken erfolgt nur in Ausnahmefällen planmäßig.

Bei der *Photographie* wird die Sammlung zumeist von staatlichen oder kommunalen Bildstellen oder von Bildarchiven übernommen. Reproduktionen sind jedoch wiederum legitimes Bibliotheksgut.

Gelegentlich sammeln Bibliotheken Reproduktionen von *Porträts*, künstlerischen wie photographischen. *Porträtkataloge* verzeichnen Abbildungen von Personen in Büchern.

Es gibt auch Sammlungen von Bildern, die aus illustrierten Zeitungen, Zeitschriften oder Büchern ausgeschnitten werden. Öffentliche Bibliotheken, die einen Teil ihrer Zeitschriften nicht binden und aufbewahren oder Bücher „makulieren", können auf diese Weise zu *Bilddokumentationen* gelangen, die vor allem instruktiven Wert besitzen und von Lehrern und Schülern benutzt werden.

Die *Erschließung* einer Sammlung von Kunstblättern ist einfach: sie wird in der Regel nach dem Alphabet der Künstler geordnet. Andere Gesichtspunkte wie Epochen, Stile, Motive können in entsprechenden Registern zur Geltung gebracht werden. Bei Porträtsammlungen ergibt sich die Erschließung über eine alphabetische Folge der Personennamen von selbst. Schwieriger ist es bei Photographien, z. B. von Architekturdetails, Landschaften, Naturphänomenen, technischen Einrichtungen usw. Hier gibt es zumeist verschiedene Ordnungsprinzipien, zwischen denen zu wählen ist. Formaler Nachweis oder Sacherschließung durch Katalogisierung ist bei kleineren Sammlungen nicht nötig, bei größeren zumeist nicht möglich und auch grundsätzlich zu arbeitsaufwendig. So bleibt die Entscheidung für ein bestimmtes Ordnungsprinzip; wenn nötig und möglich werden andere durch Register zur Geltung gebracht. Bei den erwähnten Bilddokumentationen ist die Situation ähnlich.

Die *Unterbringung* von Kunstblättern erfolgt zumeist noch in planen Kartenschränken, jedoch setzt sich die Steil- oder Schrägablage durch. Porträtsammlungen und Bilddokumentationen werden zumeist in Steil- oder Hängekarteien untergebracht. Hier gibt es zuweilen auch *freien Zugang* zum Material. Bei Photographien, die in Kästen aufbewahrt werden können, ist das natürlich nicht möglich.

Der *Benutzer* einer Bibliothek wird sich informieren, ob die Bibliothek Bildmaterial sammelt und welches. Ebenso wird er sich über die Erschließungsmethode orientieren. Kommt er mit einem bestimmten Wunsch, wird er sich an die bibliothekarische Auskunft wenden.

Eine individuelle *Ausleihe* von Bildmaterial findet in der Regel nicht statt. Ausnahmen werden für Zwecke der Neureproduktion gemacht, soweit sie nicht in der Bibliothek vorgenommen werden können. An Gruppen oder für Lehrveranstaltungen wird unter Sonderbedingungen ausgeliehen. — Amerikanische öffentliche Bibliotheken leihen Kunstdrucke im Rahmen an einzelne Benutzer aus. Es geschieht gelegentlich auch schon in Deutschland.

e) Noten

Früher wurden Musikalien in wissenschaftlichen Bibliotheken für die musikwissenschaftliche Forschung, in öffentlichen Büchereien für den praktischen Gebrauch gesammelt. Heute ist die Situation verändert. Wenn an Universitäten nicht nur Musikwissenschaft getrieben, sondern auch Musik und Musikerziehung gelehrt wird, braucht auch die

Universitätsbibliothek eine Notensammlung für die praktische Musik; umgekehrt entwickeln sich große Sammlungen bei öffentlichen Bibliotheken, die zumindest bestimmten Richtungen der Musikforschung dienen.

Die *Bearbeitung* von Musikalien ist gegenüber der von Buchmaterial komplizierter. Den verschiedenen Gesichtspunkten des Benutzers soll möglichst weit entgegengekommen werden. Der *formale Nachweis* erfolgt bei neuerer Musik primär über den Komponisten. Bei älterer und Volksmusik werden die formalen Titel der Vorlage zugrunde gelegt; Herausgeber erhalten bei Sammlungen stets, bei Einzelausgaben gelegentlich Nebeneintragungen. Bei der *sachlichen Erschließung* ist der funktionale Gesichtspunkt primär: es wird zwischen Vokal- und Instrumentalmusik unterschieden; bei der Instrumentalmusik wird nach den einzelnen Instrumenten und Instrumentalkombinationen geordnet. Natürlich kommen auch die gemischten Gattungen, Bearbeitungen, Liederbücher, Gesamtausgaben usw. zur Geltung. Innerhalb der Sachgruppen wird alphabetisch nach Komponisten geordnet. Historische Gesichtspunkte werden nur hilfsweise eingeführt. Obwohl es noch keine Einheitssystematik gibt, ist die Übereinstimmung im Musikbibliothekswesen ziemlich groß.

Das Notenmaterial für den praktischen Gebrauch wird in der Regel *freizugänglich* aufgestellt. Es ist *ausleihbar*, die großen Ausgaben, die dem Studium dienen, werden präsent gehalten. Studienpartituren sind zumeist in meheren Exemplaren vorhanden, so daß auch sie zumeist ausleihbar sind.

Obwohl bei den *Benutzern* Musiker, Musikerzieher, Musikwissenschaftler und Musikliebhaber zu unterscheiden sind, handelt es sich um eine relativ homogene Gruppe, die mit den Möglichkeiten des Zugangs zum Material ziemlich schnell vertraut wird. Am Anfang läßt sich der einzelne am besten vom Musikbibliothekar kurz einführen.

Auf die Möglichkeit der *Musikpartnervermittlung* durch die Bibliothek sei jedenfalls hingewiesen.

2. Mikroformen

Bei den Mikroformen handelt es sich zwar um „technisches" Material, das auf photographischem Wege entsteht und zu einer Realisierung optischer Geräte bedarf, aber es zählt nicht zu dem sogenannten „visuellen" Material, weil es im wesentlichen nicht Bild- sondern Textträger ist.

Unter der Bezeichnung Mikroformen werden Mikrofilme und Microfiche zusammengefaßt. Die Mikrokarte, ein mikrophotographisches Positiv, hat sich nicht durchsetzen können und wird nicht weiter behandelt.

Der *Mikrofilm* ist ein Rollfilm, auf dem Texte — gedruckte oder maschinenschriftliche — Seite für Seite nebeneinander aufgenommen sind. Er kann ein einzelnes großes Dokument enthalten — z. B. ein Buch, eine Dissertation — oder eine Vielzahl — z. B. die Aufsätze eines Zeitschriftenheftes oder -bandes, eine Reihe von Berichten („Reports") u. dgl. —. Auf die Zeitungsmikroverfilmung wurde bereits hingewiesen. Einzelne Aufsätze werden zumeist als *Filmstreifen* zur Verfügung gestellt.

Die *Erschließung* eines Mikrofilmbestandes erfolgt wie der eines Buchbestandes, wenn die Filme bibliographische Einheiten enthalten. Freier Zugang und systematische Ordnung verbieten sich von selbst. Die einzelnen Einheiten werden über Kataloge ermittelt. Es ist durchaus sinnvoll, sie in die allgemeinen Bibliothekskataloge aufzunehmen und auf Sonderkataloge zu verzichten, da die Filme ja Bücher, Zeitschriften, Zeitungen usw. ersetzen. Sie haben eine besondere Signatur, unter der sie in Mikrofilmschränken abgelegt sind.

Von seiten der Dokumentation sind Anstrengungen unternommen worden, den Zugriff auf unselbständige Dokumente — Zeitschriftenaufsätze usw. — zu erleichtern. Es wurden Karteikarten entwickelt, die Filmstreifen aufnehmen können. Mit der Ermittlung des Titels wird das Dokument selbst ermittelt. Die Kartei kann nach formalen oder sachlichen Gesichtspunkten geordnet sein; der jeweils andere Gesichtspunkt muß in Katalogen oder Registern berücksichtigt werden. Die Lösung ist technisch nicht sehr günstig.

Das Prinzip des vereinfachten Zugriffs liegt auch der Entwicklung des *Microfiche* zugrunde. Es handelt sich um einen Planfilm in Karteikartengröße. Das übliche Format läßt Aufnahmen von bis zu 60 Seiten, auf die Fläche verteilt, zu. Für größere Dokumente sind mehrere „fiches" herzustellen. Natürlich können auch einzelne Aufsätze von wenigen Seiten aufgenommen werden. Das Hauptanwendungsgebiet sind jedoch Dokumente, die sich auf 1—2 Microfiches unterbringen lassen, also wissenschaftliche und technische Reports, Dissertationen usw.

Microfiches werden in Karteikästen abgelegt. Die obere Kante erhält einen Klebestreifen, der mit Verfasser, Sachtitel, Erscheinungsjahr und Notation beschriftet werden kann. Die *Kartei* kann formal nach Autoren, aber auch sachlich geordnet sein. Wiederum wird mit dem Titel oder der Notation das Dokument selbst ermittelt. Vielfach wird auf die Einordnung in die allgemeinen Bibliothekskataloge verzichtet. Der Benutzer muß wissen, daß Material auf Microfiche vorhanden ist, welche Literaturkategorien es umfaßt und wie es erschlossen ist.

Gelegentlich werden Mikrofilm- und Microfichesammlungen bestimmter Literaturkategorien auch *bibliographisch* erschlossen. Amerikanische Dissertationen auf Mikrofilmen werden in den „Dissertation Abstracts" verzeichnet und können hier formal und sachlich ermittelt werden. Die Ablage erfolgt dann nach der Abstract-Nummer. Ähnliches gilt für amerikanische Reports oder Übersetzungen aus Ostsprachen, für die Verzeichnisse zur Verfügung stehen.

Der *Vorteil* von Mikroformen ist, daß sie wenig Raum in Bibliotheken beanspruchen und daß sie leicht verschickt werden können. Als sie aufkamen, wurde das „Ende des Zeitalters des Buches" prophezeit. Die Prophezeiung trat nicht ein, da sie einen erheblichen *Nachteil* für die Benutzung aufweisen: sie können nur in optischen Lesegeräten realisiert werden. An dieses umständliche Verfahren wollte sich der Benutzer nicht gewöhnen, er bevorzugte die handliche und besser lesbare Buchform.

An *Lesegeräten* wurden recht viele Modelle entwickelt. Es muß für den 32 mm, den 16 mm-Film und für Microfiche geeignet sein. Einen entscheidenden Fortschritt brachte das *Lese-Kopiergerät* („Readerprinter"), das es gestattet, Kopien vom Film herzustellen. Dieses Gerät dürfte den Mikroformen wieder mehr Anerkennung verschaffen; das Buch, das dem unmittelbaren Zugriff offensteht, werden sie auch jetzt nicht verdrängen.

Mikroformen werden nicht individuell *ausgeliehen*. Es wäre auch nur für Besitzer von Lesegeräten sinnvoll. Der Privatbesitz von Lesegeräten hat sich aber nicht ausgebreitet. Lesekopiergeräte sind so teuer, daß ein Privatmann sich kaum eines anschaffen wird. Dem *Benutzer* stehen Lesegeräte in der Bibliothek zur Verfügung. Hier kann er das Mikromaterial der Bibliothek benutzen oder auch Filme, die im Leihverkehr beschafft werden. Gelegentlich gelangt der Benutzer auch in den Besitz von Mikroformen, z. B. Filmstreifen. Da sich im Leihverkehr der Bibliotheken für Aufsätze der Kopienversand statt des Filmversandes durchgesetzt hat, tritt der erwähnte Fall nur selten ein. Grundsätzlich kann der Benutzer die Lesegeräte der Bibliothek benutzen. Für die Kopie vom Film muß ein Unkostenbeitrag geleistet werden.

Allgemein kann dem Benutzer empfohlen werden, sich

über den Bestand, die Erschließungsform und die Lesemöglichkeiten von Mikroformen in der Bibliothek zu *informieren*. Häufig werden zu große Erwartungen an die Mikrotechnik geknüpft, nicht selten wirkt sie geheimnisvoll anziehend oder abschreckend. Es gilt ein realistisches Verhältnis zu ihr und ihren Möglichkeiten in der Bibliothek zu finden.

Abschließend sei auf die technische Entwicklung der *Miniaturphotographie* hingewiesen, durch die kaum vorstellbare Verkleinerungen erzielt werden. Für den Benutzer spielt freilich die Verkleinerung keine Rolle, ihn interessiert die Vergrößerung, d. h. die Lesbarkeit und die Kopie in lesbarer Form.

3. Audio-visuelles Material

Unter audio-visuellem Material (AVM) werden technische Ton- und Bildträger verstanden: Schallplatten, Tonbänder, Diapositive, Filme, Tonfilme, Television. Als Bibliotheksgut setzen sie sich mehr oder weniger schnell durch. Man spricht von ihnen auch als technischen Medien. Die Bezeichnung *Mediothek*, die noch einiges mehr umfaßt, ist im pädagogischen Bereich eingeführt, nicht ohne einen gewissen ideologischen Beigeschmack oder einen sprachpuristischen Akzent.

a) Schallplatten

Schallplattensammlungen existieren schon seit längerer Zeit, auch in Deutschland, in öffentlichen Bibliotheken, besonders in Musikabteilungen. Neben die Musikschallplatten treten in zunehmendem Maße literarische, dokumentarische, sprachdidaktische und wissenschaftlich-technische Schallplatten. Die deutschen „wissenschaftlichen Bibliotheken" sind hier noch zurückhaltender, obwohl man sich über die Notwendigkeit eines Schallplattenbestandes klar ist. Überdies werden sie zunehmend mit dem Problem konfrontiert, da immer mehr Bücher Schallplattenbeilagen enthalten.

Für das *Abhören* von Schallplatten werden in der Bibliothek Studios, Kabinen oder sonstige Abhörvorrichtungen gebraucht. In öffentlichen Bibliotheken werden Schallplatten auch *ausgeliehen.*

Im allgemeinen wird der Benutzer in deutschen Bibliotheken keine *Unterhaltungsschallplatten* finden. Jedoch ist der Übergang fließend. Die in der Schallplattenbranche übliche Unterscheidung von E = Ernsthaft und U = Unterhaltung dürfte nicht immer das geeignete Auswahlkriterium abgeben.

Im allgemeinen wird *freier Zugang* zu den Schallplattenregalen nicht gewährt, obwohl das Material nicht mehr so empfindlich ist. Die Ausnutzung der auf den Umschlägen heute vielfach gegebenen Informationen wird dadurch eingeschränkt. Allerdings sind die technischen Voraussetzungen für eine sachliche Ordnung durch die verschiedenen Formate recht ungünstig. So wird der Bestand im wesentlichen durch *Kataloge* erschlossen.

Schallplattenkataloge sind in der Regel aufwendiger als Buchkataloge, da in stärkerem Umfang *Interpreten* berücksichtigt werden müssen. Für den Benutzer werden dadurch mehr Wege des Zugangs eröffnet. Für die *Ordnung der Titel* gelten die üblichen Regeln. Große Schallplatten, die mehrere „Einheiten" enthalten, machen der Bearbeitung, nicht aber dem Benutzer Schwierigkeiten.

b) Tonbänder

Gegenüber der Schallplatte sind Tonbänder das empfindlichere und das weniger leicht zu konservierende Material. Sie bieten auch der Bearbeitung größere Schwierigkeiten. Ihr Vorzug ist die größere Elastizität. Sie sind leichter zu manipulieren als die Schallplatte, die abläuft. Das stellt an die Bedienung größere Anforderungen.

Grundsätzlich enthält das Tonband das gleiche *akustische Dokumentarium* wie die Schallplatten: Werke der Musik, der Literatur, des Theaters; politische und sonstige Rhetorik; Lehrhaftes aus verschiedenen Wissenschafts- und Fachgebieten.

Als *Lehrmittel* ist es wegen seiner Elastizität besser geeignet als die Schallplatte. Wiederholungen sind leicht möglich. Wichtig ist, daß „Eigenproduktion", das „Mitschneiden" von Lehrveranstaltungen u. dgl. möglich ist.

Hier setzen die Schwierigkeiten für die *bibliothekarische Erfassung* ein. Soweit es sich um gelieferte Tonbänder mit entsprechender Titelei handelt, ist die Situation kaum anders als bei der Schallplatte. Es können die entsprechenden Kataloge hergestellt werden. Bei der „Eigenproduktion" in Schule oder Hochschule ist hier ein erheblicher Unsicherheitsfaktor gegeben. Die Bibliothek — oder „Mediothek" — muß dafür sorgen, daß eine zureichende Titelfassung vorliegt, damit eine entsprechend zureichende Titelerfassung möglich ist. Ggf. muß der Titel von der Bibliothek nachgeschnitten werden. Der Arbeitsaufwand ist hier nicht unerheblich.

Auch die *Bedienung* ist aufwendiger, wenn die Vorzüge des Tonbandes zur Geltung gebracht werden sollen. Das Problem ist hier die Einschaltung der Selbstbedienung. Heutzutage ist der Umgang mit Tonbandgeräten so weit verbreitet, daß sie zugelassen werden kann. Immerhin ist Kontakt mit dem Bedienungspersonal erforderlich.

Die *Ausleihe* von Tonbändern ist problematisch, da die Gefahr des Löschens besteht. Auch die Rückgabekontrolle ist umständlich. Der Benutzer muß sich darauf einstellen, daß die technischen Probleme der Tonbandbereitstellung in Bibliotheken noch keineswegs gelöst sind. Die Erschließung des bearbeiteten Bestandes dürfte ihm keine besonderen Schwierigkeiten bereiten. In jedem Falle ist Kontakt mit dem bibliothekarischen und dem Bedienungspersonal erforderlich.

c) Diapositive

Diapositive (Dias) finden nach und nach auch in deutschen Bibliotheken Eingang. Als Bibliotheksgut sind sie nicht leicht zu bearbeiten, aber sie werden gebraucht, nicht nur auf dem Gebiet der Kunst, sondern auf vielen anderen Gebieten der Naturwissenschaften, der Technik, der Medizin, der Sozialwissenschaften, der Geographie.

Die *bibliothekarische Erfassung* des einzelnen Diapositivs ist kaum möglich. Sie muß sich auf die Dia-Serien beschränken, die in geeigneten Kästen untergebracht sind. Der Kasten ist dann die „bibliographische Einheit". Natürlich sind die einzelnen Stücke numeriert. Katalogisiert wird die Serie. Bei im Handel bezogenen Serien ist die Titelei gegeben. Die *Erschließung* erfolgt unter formalem und unter sachlichem Gesichtspunkt nach dem allgemeinen Klassifikationsschema. Eine gewisse Parallelität zum Bildband ist gegeben.

Da die Dia-Herstellung heute kein großes Problem ist, muß mit „Eigenproduktion" gerechnet werden, ähnlich wie beim Tonband. Hier setzen Schwierigkeiten für die Erfassung ein. Ggf. muß die Titelei von der Bibliothek festgelegt werden, bevor sie erfaßt wird.

Für die *Benutzung* in der Bibliothek ist ein Bildwerfer und ein Bildstudio erforderlich. Die individuelle *Ausleihe* ist problematisch. Auf jeden Fall muß die Möglichkeit einer effektiven Rückgabekontrolle gegeben sein. Für Gruppenarbeit sowie Lehr- und Vortragstätigkeit müssen Dia-Serien auf jeden Fall ausgeliehen werden können.

Für den *Benutzer* bereitet die Ermittlung des Materials durch Kataloge keine besonderen Schwierigkeiten. Der Kontakt mit dem Bibliothekar ist auch hier erforderlich.

d) *Filme, Tonfilme, Television*

Filme und Tonfilme sind in amerikanischen Bibliotheken seit langem Bibliotheksgut. Es handelt sich dabei vor allem um Kulturfilme, Lehrfilme, wissenschaftliche Filme; auch ältere Spielfilme können vertreten sein. In Deutschland ist die Sammlung und Bereitstellung von Filmen insbesondere für Unterrichtszwecke Aufgabe der bereits erwähnten Bildstellen. Je mehr der Film auch für den akademischen Unterricht eingesetzt wird, desto größer ist die Aussicht, daß an der zentralen Universitätsbibliothek „Filmbibliotheken" eingerichtet werden, die Filme sammeln und bereitstellen.

Da es sich um eine vergleichsweise geringe Anzahl von Einheiten handelt, ist die *Bearbeitung* keine übermäßig starke Belastung. Die Titelei ist ziemlich klar, wenn auch umfangreich. Die Herstellung von Katalogen unter verschiedenen Gesichtspunkten ist aber kein Problem. Das gleiche gilt für die Ermittlung.

Die Filme werden für Gruppen und Lehrveranstaltungen *ausgeliehen,* jedoch müssen auch in der Bibliothek *Vorführmöglichkeiten* gegeben sein.

Fernsehgeräte werden in amerikanischen Public Libraries hauptsächlich im Zusammenhang mit Diskussionsveranstaltungen eingesetzt. Besonders beliebt sind Buchbesprechungssendungen. Inzwischen sind auch deutsche öffentliche Bibliotheken Besitzer von Fernsehgeräten. Im ganzen ist der bibliothekarische Bezug gering. Eine neue Situation ist durch das *Kassettenfernsehen* eingetreten. Das Fernsehgerät ist nunmehr Tonfilmgerät. Die Kassetten sind „bibliographische Einheiten", die entsprechend bibliothekarisch zu bearbeiten sind, wenn sie in den Bibliotheken der Zukunft gesammelt werden.

4. Elektronische Speicherung und Erschließung

Im allgemeinen wird unter der „Bibliothek der Zukunft" eine Anlage verstanden, in der die Informationen, die bisher in Büchern niedergelegt und verbreitet wurden, elektronisch gespeichert und über sogenannte „terminals" — Bildschirm oder Lautsprecher — abrufbar sind. Tatsächlich gibt es gewisse technische Annäherungen an diese Zukunftsvision, deren Realisierung wohl auch weniger ein technisches als ein ökonomisches Problem ist.

Gegenwärtig wird die *elektronische Datenverarbeitung* in Bibliotheken nur zur Rationalisierung von Bearbeitungsvorgängen eingesetzt. Die elektronische Rechenmaschine stellt die „Ordnung der Titel" nach den ihr über Lochstreifen oder -karten oder anderen maschinenlesbaren Medien eingegebenen Titel- oder Sachdaten automatisch her und druckt die Bibliothekskataloge aus. Dieses sind die bereits erwähnten neuen Bandkataloge, die dem *Benutzer* mehr Komfort geben. Die Titel selbst sind extern (= off line) gespeichert und nicht direkt abrufbar.

Einen weiteren Benutzerkomfort vermittelt die elektronische *Ausleihregistrierung*. Der Benutzer einer Freihandbibliothek braucht keinen Leihschein mehr auszufüllen, wenn er ein Buch ausleiht. Die Ausleihdaten werden von einer Buchkarte und seinem Benutzerausweis übernommen. Allerdings führt dies System zu einem sehr viel präziseren Mahnverfahren, und der Benutzer muß tiefer in den Geldbeutel greifen, wenn er sich der Maschinendisziplin nicht anpaßt. Vorteilhaft für ihn ist, daß er von einem täglich gedruckten Ausleihstandsnachweis ablesen kann, ob ein von ihm gewünschtes Buch, dessen Signatur er am Katalog ermittelt hat, ausgeliehen ist oder nicht.

Noch bequemer und präziser ist es für ihn, wenn er direkten Zugriff (= on line) zu den Ausleihdaten hat. Er gibt die im Katalog ermittelte Signatur über eine Schreibmaschinenkonsole oder ein Bildschirm-terminal ein und erhält vom Computer die Antwort, ob das gewünschte Buch ausgeliehen ist oder nicht. Falls nein, kann er es bestellen, falls ja, kann er es vorbestellen. Ein solches System ist besonders für geschlossene Magazinbibliotheken wichtig. Es ist bisher erst bei einer deutschen Bibliothek eingeführt.

Sind nicht nur die Ausleihdaten, sondern auch die *Titeldaten* on line gespeichert, entfällt die Katalogbenutzung. Der Benutzer gibt den Titel ein, erfährt, ob der Titel vorhanden ist, und, falls ja, die Signatur und ob das Buch ausgeliehen ist. Er kann auch ein Schlagwort oder eine Notation, die er dem Klassifikationsschema entnommen haben muß, eingeben und erhält dann eine sachlich geordnete Liste der Literatur, die über das angegebene Thema vorhanden ist, mit Signaturen und Ausleihbestandsnachweis. Ein solches System existiert bisher noch an keiner größeren Bibliothek, da die on line-Titel-Speicherung noch außerordentlich kostspielig ist. Es gibt im Ausland einige wenige Stellen, die fachlich begrenzte Dokumentationsdienste on line speichern. Aus Deutschland können an diese Stellen schriftliche Formularanfragen gestellt werden, deren Beantwortung 2—6 Wochen dauert. Man wird sie nur schikken, wenn die herkömmlichen bibliographischen Mittel keine zureichende Auskunft geben können.

Der on line- oder *Dialogverkehr* verlangt vom Benutzer zur Zeit noch ein hohes Maß von Präzision. Bereits bei der Frage nach dem Ausleihbestand muß die Signatur exakt eingegeben werden. Bestimmte Fehler vermag die Maschine zu erkennen, aber wer irgendwo 1 statt 2 oder m statt n schreibt, kann kaum richtig bedient werden. Bei Titelanfragen ist exakte Titelkenntnis erforderlich. Die Hilfe, die der Überblick über eine Katalogseite notfalls geben kann, entfällt. Schreibfehler in höheren Ordnungsstufen machen die Anfrage illusorisch. Natürlich gibt es Korrekturmöglichkeiten. Aber wer nicht einigermaßen sicher Schreibmaschine schreiben kann, wird beim Computerdialog mehr Zeit verbrauchen als bei der Suche im Katalog. Ohne *Einübung* des Benutzers im Umgang mit den Geräten kann das System nicht funktionieren. Wann und ob überhaupt die Bibliothek auf die Katalogherstellung verzichten kann, ist ungewiß. Sicher wird sie anfangs Hilfestellungen in einem Ausmaß geben müssen, durch die etwaige eingesparte Arbeit wieder ausgegeben wird.

Das Bestreben der „Informatiker" geht dahin, das „Gespräch" mit der EDV-Anlage so „natürlich" wie möglich zu gestalten, die *Präzisierung* soll im Dialog selbst erreicht werden. Hier sind nicht nur technische, sondern vor allem programmtechnische Probleme der Linguistik zu lösen. In diesen Bereich gehören auch die Versuche zur *vollautomatischen Ermittlung* von Sachdaten (Deskriptoren) durch maschinelle Textanalysen. Hier handelt es sich wieder mehr um einen Rationalisierungseffekt, der den Benutzer wohl direkt berührt.

Der Schritt zur „eigentlichen" Bibliothek der Zukunft wird getan, wenn nicht nur Titel, sondern *Texte* gespeichert werden. Der Benutzer erhält dann nicht nur formale Information über Informationen, sondern die — inhaltlichen — Informationen, die aus ganz verschiedenen Dokumenten stammen können, selbst. In sehr kleinem Rahmen ist das heute schon möglich. Für größere Verhältnisse ist es vor allem ein ökonomisches Problem, das vermutlich nur durch Riesenanlagen oder Informationsnetze von großer Ausdehnung gelöst werden kann.

Man kann wohl sagen, daß die Entwicklung vorgezeichnet ist. Die Bibliothekare werden zu „Informatikern" werden. Hinsichtlich des Zeitfaktors ist freilich eine nüchterne und realistische Einschätzung angebracht. Der *Benutzer* tut gut daran, die Situation ebenfalls realistisch zu beurteilen. Bevor er sich allzusehr auf die Bibliothek der Zukunft ausrichtet, sollte er sich auf die *Bibliothek der Ge-*

genwart einstellen und überdies damit rechnen, daß er es in Deutschland vielfach noch mit Bibliotheken der Vergangenheit zu tun hat. Das letztere sollte er freilich nicht als Schicksal einfach hinnehmen, sondern die Forderung nach einem *modernen Bibliothekswesen* erheben, damit die Bibliothekare die entsprechenden Forderungen an die Instanzen stellen können, die die notwendigen Mittel bereitstellen müssen.

VI. Technik, Taktik und Strategie der Bibliotheksbenutzung

Eine Technik der Bibliotheksbenutzung ist erforderlich, um die Möglichkeiten, die die Bibliothek als Informationszentrum bietet, sachlich richtig auszunutzen. Wer sie nicht einigermaßen beherrscht, wird nicht zu günstigen Ergebnissen kommen.

Benutzungstaktik ist erforderlich, um Aufwand und Nutzen in ein angemessenes Verhältnis zu bringen.

Von Benutzungsstrategie kann gesprochen werden, wenn der Einsatz der Bibliothek zur Deckung des notwendigen Informationsbedarfes im Rahmen eines „Planes" gesehen wird.

1. Benutzungstechnik

Im vorangehenden wurde im wesentlichen die Technik der Bibliotheksbenutzung dargestellt. Sie ist im wesentlichen eine *Informationstechnik,* auch dort, wo Maschinen nicht oder noch nicht eingesetzt werden. Sie ist die Technik des Auffindens von Literatur und sonstigem Informationsmaterial durch Verfahren, die die Kenntnis der Erschließungs- und Ordnungssysteme der Bibliothek und die Kenntnis bestimmter Daten oder Datenstrukturen des Materials voraussetzen. Wer am Freihandregal Literatur über ein bestimmtes Sachgebiet oder zu einem bestimmten Thema finden will, muß Kenntnis vom Klassifikationsschema haben oder muß ein Leitsystem verstehen oder mit Registern und Indices umgehen können; er muß wissen, daß ein Freihandsystem Grenzen hat und wie der Sachkatalog zu benutzen ist; für die Suche bestimmter Dokumente ist möglichst exakte Titelkenntnis erforderlich sowie die Kenntnis der Ordnung von Titeln in formal-alphabetischen Katalogen und Verzeichnissen. Funktion und Struktur des „Bibliographischen Apparates" müssen bekannt sein.

Zur Technik des Auffindens von Dokumenten gehört auch die Kenntnis der Schwächen der Ordnungssysteme, die Realisierung der gegenwärtigen uneinheitlichen Situation, die Flexibilität in der Annäherung an das Instrumentarium erforderlich macht: führt der erste Weg nicht zum Ziel, muß ein zweiter versucht werden. Ebenso sollten die Möglichkeiten bekannt sein, vage Ausgangsdaten zu präzisieren und trotz mangelhafter Voraussetzungen das Ziel zu erreichen.

Auf einige *Techniken* im Rahmen dieser Technik wurde hingewiesen. Dazu gehört z. B. die Titelnotierung auf Einzelzettel in einem genormten Format, in lesbarer Form, unter Berücksichtigung der Ordnungswirksamkeit, der Identifikation und des Informationsgehaltes; ferner das richtige Ausfüllen von Bestell- oder Leihscheinen, von Vorbestellungen, von Bestellungen im auswärtigen Leihverkehr. Hinzuzufügen sind einige „Techniken" im engeren Sinne.

Das gesamte Gebiet der *Kopier- und Reprotechnik* ist auch für den Benutzer von erheblicher Bedeutung. In fast allen Bibliotheken von einiger Größe sind heute Selbstbedienungsautomaten aufgestellt. Auch die Bibliothek besitzt Kopierautomaten für die Sofort- oder Fristbedienung. Die Kopierautomaten arbeiten nach unterschiedlichen Prinzipien und mit unterschiedlichen Ergebnissen. Wird mit beschichtetem Papier gearbeitet, ist auf Lichtempfindlichkeit und begrenzte Dauerhaftigkeit zu achten. Bei bestimmten Verfahren ist die Kopie von gerasterten oder farbigen Bildern mangelhaft. Wirklich gute Ergebnisse liefert hier nur die Photographie. Jedoch ist die Entwicklung im Fluß.

Durch die Kopiermöglichkeit wird die *Exzerpiertechnik* wesentlich geändert. Kleinere Aufsätze werden, wenn sie sachlich ergiebig sind, am besten vollständig kopiert. Kopiert werden auch einzelne Seiten, Statistiken, Diagramme usw. Das Abschreiben beschränkt sich auf Sätze oder kurze Absätze. Auf die Möglichkeit, Seiten von Bandkatalogen mit viel einschlägigem *Titelmaterial* zu kopieren, wurde bereits hingewiesen. Sicherlich wird sich die Möglichkeit der technischen Kopie von Einzeltiteln eines Tages auch zu vertretbarem Preis realisieren lassen.

Zur Technik der Bibliotheksbenutzung sollte auch die *Realisierung der äußeren Voraussetzungen* gerechnet werden. Der Benutzerausweis ist bei technischen Registrierverfahren notwendiges Element; wer ihn vergessen hat, kann nicht ausleihen. In diesem Sinne ist die Bibliothek keine moralische, sondern eine technische Anstalt. Die Einhaltung von Leihfristen bzw. die rechtzeitige Verlängerung sollte als technische Angelegenheit angesehen werden, trotz individual- oder sozialpsychologischer oder auch finanzieller Implikationen.

Nimmt ein Benutzer die Zahlung von Versäumnisgebühren bewußt in Kauf, weil er das entliehene Buch noch unbedingt benötigt, handelt er bereits *benutzungstaktisch*. Die richtige Taktik wäre hier freilich, sich rechtzeitig zu versichern, ob eine Verlängerung der Leihfrist möglich ist. Falls nicht, hat er die Lage zu beurteilen und seine taktische Entscheidung zu treffen.

2. Benutzungstaktik

Benutzungstaktik ist eine Frage der Ökonomie, des Aufwandes von Arbeit, Zeit und schließlich auch Geld im Verhältnis zum erwarteten Nutzen. Einige Situationen, die taktische Entscheidungen erfordern, wurden bereits angedeutet. So wurde z. B. darauf hingewiesen, daß Literaturermittlung in kleineren Bibliotheken weniger kompliziert ist als in größeren. Der Vorteil wäre besonders bei präzisen Ermittlungsvoraussetzungen wahrzunehmen. Auf der anderen Seite steht die Frage, ob die kleinere Bibliothek leistungsfähig genug ist.

Jeder taktischen Entscheidung geht die *Beurteilung der Lage* voraus. Der Benutzer muß sich zunächst einmal über die *eigene Situation* klar sein. Auch wenn sie unklar ist, sollte darüber jedenfalls Klarheit bestehen. In diesem Fall muß er die Bibliothek aufsuchen und versuchen, sich mit der Hilfe ihres Auskunftsdienstes Klarheit zu verschaffen — gibt es mehrere Bibliotheken am Ort, ist eine mittlere Allgemeinbibliothek mit entsprechendem Service dazu am besten geeignet.

Zur *Klärung* der eigenen Situation sollte der Benutzer sich einige Fragen stellen — Fragen, die auch der Auskunftsbibliothekar stellt, um herauszubekommen, was der Benutzer eigentlich will. Für welchen Zweck wird das Material benötigt? Die Frage erscheint überflüssig, da der Benutzer ja irgend ein Motiv hat. Dennoch ist ihre möglichst genaue Beantwortung die Voraussetzung für eine präzisere Bedarfsfeststellung. Handelt es sich um einen Schulaufsatz, um eine Seminar- oder um eine Examensarbeit, die Arbeit einer Diskussions- oder Projektgruppe, eine Lehrveranstaltung, einen Vortrag, oder soll das Material der allgemeinen Orientierung dienen? Welche Art von Material wird benötigt, welchen Charakter soll es haben, welchen Schwierigkeits- oder Spezialisierungsgrad, welches Niveau wird angestrebt? Wie groß ist der quantitative Umfang der benötigten Informationen, genügt ein Überblick über einen Sachverhalt oder ist Vollständigkeit, soweit möglich, erforderlich?

Diese Fragen gelten natürlich besonders für den Fall, daß Material für ein Fachgebiet oder Thema benötigt wird. Aber sie können auch relevant werden, wenn ein bestimmter Titel gesucht wird. Beantwortung der Qualitätsfrage kann die Entscheidung darüber bedingen, welche Bibliothek am Ort — wenn eine Wahl besteht — zuerst aufgesucht wird. Nicht immer, wenn ein bestimmter Titel gesucht wird, muß der Wunsch auch dezidiert sein. Ist das Dokument nicht vorhanden oder ausgeliehen, mag das weitere taktische Verhalten von der Beantwortung der oben gestellten Fragen abhängen. Vielleicht kann auf den Titel verzichtet werden, vielleicht kann ein anderes Dokument weiterhelfen, vielleicht aber muß jeder mögliche Weg zur Beschaffung beschritten werden. Ist die Titelkenntnis vage, so kann die Klärung der Ausgangssituation die Ermittlungstaktik bestimmen.

Zur Beurteilung der Lage gehört auch die *Orientierung* über die *Bibliothekssituation.* Sind mehrere Bibliotheken am Ort, so sollte sich der Benutzer über die Leistungsfähigkeit der einzelnen Bibliotheken unterrichten. Zur Leistungsfähigkeit gehören nicht nur Umfang, Beschaffenheit und Aktualität des Bestandes, sondern auch die Qualität des Ermittlungs- und Bereitstellungssystems, sowie der Service. Gibt es einen Bibliothekenführer des Ortes, so hat der Benutzer ein gutes Instrument, zumindest für eine negative Selektion. Bei den für ihn in Betracht kommenden kann er sich durch Stichproben jedenfalls ein annähernd genaues Bild von der Brauchbarkeit für seine Zwecke verschaffen. Dabei sollte er möglichst unvoreingenommen verfahren. Es kann sein, daß eine Bibliothek mit leichtem Zugang und gutem Service ihm im Hinblick auf bestimmte

Bestände bequem ist, während er für anderen Bedarf eine andere Bibliothek benutzen muß.

Gibt es nur eine Bibliothek am Ort, so kann sich die Grenze ihrer Leistungsfähigkeit bald herausstellen, auch wenn sie dem Leihverkehr angeschlossen ist. Eine Orientierung im Umkreis ist angezeigt. Oft bleibt eine „Bibliotheksreise" nach auswärts, ja ins Ausland nicht erspart. Diese Situation kann sich natürlich auch an einem Ort mit mehreren Bibliotheken ergeben. Manchmal ist das Aufsuchen einer auswärtigen Bibliothek einfach unvermeidlich; in anderen Fällen mag eine taktische Überlegung — Erwägungen über den Aufwand an Zeit und Geld — zu einem solchen Entschluß führen.

Für manchen Benutzer ist eine bestimmte Bibliothek gleichsam die *natürliche Ausgangsbibliothek*. Für den Schüler würde es die Schulbibliothek sein — wenn es wirkliche Schulbibliotheken gäbe. Der Student beginnt zumeist in der Seminar-, Instituts- oder Fachbereichsbibliothek und geht dann zur Universitätsbibliothek über — zumeist erst dann, wenn es sich nicht mehr vermeiden läßt. Angehörige von Behörden, Firmen, Instituten usw. benutzen primär ihre Spezialbibliothek. Grundsätzlich sollte der Benutzer mehr funktional als „natürlich" vorgehen. Nicht erst die „Not" sollte ihn dazu bringen, sich nach anderen Bibliotheken umzusehen, sondern die benutzungstaktische Überlegung. Auf jeden Fall ist eine angemessene Bibliotheksorientierung angezeigt.

Die Benutzungstaktik im engeren Sinne beinhaltet das *methodische Vorgehen* bei der Bibliotheksbenutzung. Es hängt mit dem Benutzungszweck, der Arbeitstechnik des Benutzers und seinem Verhältnis zur Benutzungstechnik zusammen. Mancher geht von einem bestimmten Dokument aus, gewinnt aus den einschlägigen *„Zitaten"* Titelangaben, die er am Alphabetischen Katalog realisiert. In dem so gewonnenen Material findet er wieder neue Aufgaben und so fort. Bei nicht vorhandenen Titeln hat er sich zu entscheiden, ob er sie im auswärtigen Leihverkehr bestellt oder nicht. Hier kommen Zeit- und Terminfragen ins Spiel. Bei allen terminierten Arbeiten ist dieses Vorgehen vom Standpunkt der Benutzungstaktik zumeist nicht sehr günstig. Die Möglichkeit, daß das Material ausgeliehen ist, also auch gar nicht im Leihverkehr bestellt werden kann, muß einkalkuliert werden. Unter diesem Gesichtspunkt ist es günstiger, gleich zu Beginn der Arbeit eine einigermaßen zureichende Titelzusammenstellung zu machen, das Vorhandene zu bestellen, das Ausgeliehene vorzubestellen und das Nichtvorhandene im auswärtigen Leihverkehr zu bestellen. Eine Ergänzung des Titelmaterials über Zitate kann sich von selbst ergeben.

Bei der zuerst erwähnten Arbeitsmethode ist zu bedenken, daß immer nur ältere Titel erfaßt werden. Ist das Ausgangsdokument nicht allerneuesten Datums, muß ggf. eine Recherche nach neuerem Material in Katalog und Bibliographie vorgenommen werden.

Das Ausgehen von der *Fachbibliographie* ist angezeigt, wenn eine ziemliche *Vollständigkeit* angestrebt wird — und eine einschlägige Fachbibliographie existiert. Neuestes Material muß über die Allgemeinbibliographien ermittelt werden — auch eine negative Feststellung kann wichtig sein.

In vielen Fällen ist Vollständigkeit nicht erforderlich, aber das *wesentliche* Material soll zur Verfügung stehen. In diesem Falle wird der Benutzer die Arbeit am *Sachkatalog* beginnen. Hat er die Bibliothek richtig gewählt, wird er das Wesentliche finden. Natürlich kann er auch am *Freihandregal* beginnen. Was er vorfindet, hat er dann erst einmal. Die ergänzenden Ermittlungen am Sachkatalog, die ggf. Vorbestellungen notwendig machen, kann er mit der einsetzenden Literaturarbeit synchronisieren. Das bedeutet freilich, daß er sie nicht zu spät beginnen sollte, wenn seine

Arbeit terminiert ist. In manchen Fällen mag das Vorgefundene auch genügen, jedoch sollte der Verzicht auf weitere Ermittlungen nicht aus Unkenntnis oder Bequemlichkeit resultieren, sondern benutzungstaktisch begründet sein.

Auf die Möglichkeit, daß *Nachschlagewerke* genügend Information vermitteln — überhaupt oder auf einem Grenzgebiet —, wurde bereits hingewiesen. In einer solchen Situation ist es taktisch richtig, den einfachen Weg zu wählen — und sei es den zum Konversationslexikon. Häufig würde auch der eine oder andere Zeitschriftenaufsatz das richtige Maß an Information vermitteln, wenn man wüßte, daß es ihn gibt. Es kann taktisch richtig sein, die einschlägige Bibliographie zu prüfen, bevor man eine Anzahl von Büchern durchsieht und entweder zu wenig oder zu viel Information findet. Führt die Bibliothek einen Katalog wichtiger Zeitschriftenaufsätze im Sinne der „bibliothekarischen", d. h. selektiven Dokumentation, ist eine günstige Ausgangssituation gegeben.

Will oder muß der Benutzer die *Neuerscheinungen* auf seinem Gebiet *laufend* verfolgen, so findet er einen Zugang über die in manchen Bibliotheken üblichen Ausstellungen von Neuerwerbungen oder über Neuerwerbungslisten, sofern diese aktuell sind. Auf neue Zeitschriftenaufsätze kann er hingewiesen werden, wenn die Bibliothek Kopien der Inhaltsverzeichnisse neuer Zeitschriftenhefte bereithält. Tut sie es nicht, muß er es sich zur Angewohnheit machen, die Auslage der neuesten einschlägigen Zeitschriftenhefte in der Bibliothek regelmäßig durchzusehen.

Eine wichtige benutzungstaktische Frage ist es, wie weit der Benutzer in die Feinheiten der *Ermittlungstechnik* eindringen soll. Ist es nicht rationeller, wenn der geschulte Bibliothekar die Ermittlung vornimmt, wenn die Bibliothek Literaturzusammenstellungen auf Anforderung herstellt? Von bibliothekarischer Seite wird häufig, insbesondere

Studenten gegenüber der Standpunkt vertreten, daß die Materialzusammenstellung zur wissenschaftlichen Arbeit gehöre. Je mehr der Bibliothekar seine Aufgabe im *aktiven Informationsdienst* sieht, desto mehr tritt dieser Standpunkt zurück. Freilich muß sich der Benutzer darüber klar sein, daß mit der Aktivierung dieses Dienstes ein erheblicher Personalmehraufwand verbunden ist. Ist der notwendige Personalbestand nicht erreicht, hat er mit erheblichem Zeitverzug zu rechnen. Gegenwärtig reicht das Personal nicht entfernt dazu aus. Rationell ist es daher, wenn der Benutzer sich jedenfalls die *Grundkenntnisse* der Ermittlungstechnik aneignet und die *Grundarbeiten* selber vornimmt, um in schwierigen Fällen die Hilfe des Bibliothekars mit Aussicht auf Erfolg in Anspruch nehmen zu können. Aber auch grundsätzlich dürfte es benutzungstaktisch richtiger sein, auf *Zusammenarbeit* und nicht zu sehr auf Arbeitsteilung zu sehen. Der Spezialist bringt vieles an Sachkenntnis ein, was die bibliothekarische Ermittlungsarbeit erleichtert. Die Zeit, die für diese Zusammenarbeit aufgewendet wird, dürfte nicht verlorene Zeit sein. So ist die *„Einführung in die Bibliotheksbenutzung"* wichtiger Programmpunkt der Benutzungstaktik.

Hier ist auch der Ort, auf das *Vorschlagswesen* einzugehen. Anschaffungsvorschläge z. B. können unmittelbar benutzungstaktischen Effekt haben, wenn die Anschaffung schneller durchzuführen ist als die Beschaffung im auswärtigen Leihverkehr. Das gilt natürlich nur für Titel, die noch im Buchhandel zu beschaffen sind. Verbesserungsvorschläge auf dem Gebiet der Klassifikation wirken sich, wenn sie realisierbar sind, mehr zugunsten anderer aus.

3. Benutzungsstrategie

Von Benutzungsstrategie zu sprechen, mag etwas ungewöhnlich erscheinen. Jedoch wird der Terminus der Strategie heute auf vielen Gebieten gebraucht, um ein planmäßiges, überlegtes Vorgehen in größerem Rahmen als dem der Taktik zu bezeichnen.

Benutzungsstrategie bezieht sich auf das Verhältnis des *Menschen zur Bibliothek* überhaupt. In vielen Fällen ist die Bibliotheksbenutzung zufällig oder situationsbedingt. Irgendein Examen macht den Menschen zum eifrigen Bibliotheksbenutzer, danach legt sich der Eifer. Der Mensch beschränkt sich auf das Minimum an Information, das die Berufspraxis, privater Bücherbesitz, das Abonnement einer Fachzeitschrift oder schließlich Zeitung, Rundfunk und Fernsehen vermitteln. Häufig ist die tägliche Belastung auch tatsächlich so groß, daß keine Zeit für planmäßige Information bleibt. Außerdem wächst das Informationsvolumen in einem Ausmaß, das zu Resignation führen kann. Auf der anderen Seite nimmt die Freizeit zu und damit die Möglichkeit planmäßiger Information.

Während der Zeit der *Ausbildung* ist der Mensch mehr oder weniger auf Bibliotheksbenutzung angewiesen. Die Motive sind häufig äußerer Art. Je mehr die Entwicklung der Didaktik von der mündlichen Belehrung zu Eigenarbeit und Gruppenarbeit führt, desto wichtiger wird die Bibliothek — oder Mediothek — für die Ausbildung werden, desto größer ist die Chance, daß sich ein inneres Verhältnis zur Bibliothek als Informationszentrum aufbaut, daß sich die Lehre um den Aufbau eines solchen Verhältnisses bemüht.

Beim *Schüler* wird eigentlich die Grundlage zur Benutzungsstrategie gelegt. Nicht immer wird er sich der Sachlage bewußt sein. Entscheidend ist schon, daß er die Bibliothek nicht nur unter dem Druck irgend welcher Hausaufgaben aufsucht, obwohl diese der Anlaß sein mögen. Auf der anderen Seite ist bloßer Lesehunger kein Motiv für benutzungsstrategisches Verhalten. Der „Bücherwurm" ist in der Regel kein Stratege der Bibliotheksbenutzung; geht er jedoch strategisch vor, versteht es, die Möglichkeiten der Bibliothek planmäßig zu nutzen, so ist er eigentlich gar nicht der Typ des Bücherwurms, mag auch der Anschein dafür sprechen. Selbst der „Stöberer" braucht nicht in diese Kategorie zu gehören. Im Gegenteil, Kennzeichen des strategischen Ansatzes ist die Einsicht oder das Gefühl dafür, daß die Bibliothek als Einrichtung, die Dokumente und Informationsmaterial verschiedener Art, Herkunft und Tendenz zusammenführt, der Ort ist, an dem vielseitige Kenntnisse erworben werden können, die Fähigkeit der Erkenntnis und das kritische Urteilsvermögen durch die Möglichkeiten des Vergleichs gefördert wird und sich ein weiter Horizont auftut. Die Strategie richtet sich gegen die Neigung der Einseitigkeit, die Kritiklosigkeit, die sich hinter mancher scheinbar kritischen Haltung verbirgt, Gefahren also, die größer sind als die „Verwirrung", die eine ältere Pädagogik befürchtet. In diese Strategie paßt ein Mehr an Bibliotheksbenutzung besser als ein Weniger. Auch ist die Benutzung mehrerer Bibliotheken nicht nur taktisch, sondern auch strategisch relevant.

Auf der *Hochschule* sollte eine Präzisierung der Benutzungsstrategie erfolgen. Hier sind einige Fächer wie die experimentellen *Naturwissenschaften, Technik* und *Medizin* dadurch gekennzeichnet, daß sie anfangs über das Lehrbuch hinaus kaum, später aber, von einer bestimmten Stufe der Ausbildung an, ziemlich unvermittelt intensive Literaturarbeit fordern. Benutzungsstrategisch richtig wäre es, wenn der Student auch als Anfänger bereits langsam sich mit der Bibliothek vertraut machte und ihm hierzu Gelegenheit und Anregung gegeben würde. Der oft kritisierten „Schulmäßigkeit" des Studiums dieser Fächer könnte durch solche Strategie jedenfalls etwas entgegengewirkt werden. Sollte es zu didaktischen Änderungen in diesen Fächern kommen, dürften sich günstige Auswirkungen auf die Strategie der Bibliotheksbenutzung einstellen. Anders ist die Situation in den *„Geisteswissenschaften"*, in denen die Literaturarbeit im Vordergrund steht. Hier ist Bibliotheksbenutzung ziemlich von Anfang an eigentlich eine Selbstverständlichkeit, die freilich keineswegs immer beachtet wird. Die traditionelle Vorlesung führt leicht dazu, daß das Kollegheft wichtiger erscheint als die Literatur. Erst die Seminararbeit treibt den Studenten in die Bibliothek, zumeist die Seminar- oder Institutsbibliothek. Bei schulmäßig betriebenen Wissenschaften wie der Rechtswissenschaft ist die Literaturarbeit wiederum ziemlich eng begrenzt. Die Benutzungsstrategie muß sich zwar auf sich wiederholende Fälle ziemlich konzentrierter Literaturarbeit einstellen, andererseits aber einen gewissen Freiheitsraum erwirken, der „planmäßiges" Stöbern und Schmökern („browsing") enthält. Durch die Aufnahme der Gruppen- und Projektarbeit in die Hochschuldidaktik wird die benutzungsstrategische Situation des Studenten modifiziert. Die Gruppe braucht einen Bibliotheksbeauftragten, der als „Informator" fungiert. Da er für die ganze Gruppe verantwortlich ist, wird seine Bibliotheksbenutzung sehr intensiv sein. Obwohl sich die Funktion des Informators vermutlich zu einem Beruf entwickeln wird („Informationsarbeiter"), ist es benutzungsstrategisch wichtig, daß jeder Student einmal — oder öfter — die Funktion übernimmt. Eine solche Benutzungsstrategie wird auch die Strukturänderung der Bibliotheksarbeit erwirken bzw. vorantreiben.

Für den Lehrer und den Hochschullehrer wird die neue Didaktik vermutlich ebenfalls eine Änderung der benutzungsstrategischen Situation herbeiführen. Für beide kommt es auf den *Informationsvorsprung* an, der sie in die Lage versetzt, die mit eigener Informationsermittlung arbeitenden Gruppen zu kontrollieren und zu leiten.

Für den *Lehrer* der Grund- und Mittelstufe geht es dabei weniger um die Sachinformation als um die Information über die Methoden. Didaktische Methoden haben Rückwirkungen. Laufende Methodeninformierung ist erforderlich. Vermutlich werden auch die Lehrer Gruppenarbeit leisten (Kolloquium). Die private Literaturarbeit reicht nicht mehr. Eine Bibliotheksbenutzungsstrategie muß entwickelt werden.

Für den Lehrer der Oberstufe ist auch der Sachinformationsvorsprung planmäßig zu erarbeiten. Im autoritativen Lehrsystem mochte der Lehrer mit der Privatbibliothek auskommen. Gegenüber Schülern, die sich in der Stadtbibliothek vielseitig informieren, verlangt der geforderte Informationsvorsprung Bibliotheksbenutzung und damit eine Benutzungsstrategie.

Beim *Hochschullehrer* brachte die Verbindung von Forschung und Lehre schon immer den Informationsvorsprung für die Lehre, jedenfalls auf dem Forschungsgebiet ein. Heute stellen Mitbestimmung und relativ selbständige Gruppen- und Projektarbeit an den Hochschullehrer neue Anforderungen, wenn er den Informationsvorsprung halten will. Mit der Informationsexpansion kann die Privatbibliothek nicht Schritt halten. Das universitäre Bibliothekswesen wandelt sich unter ökonomischen Gesichtspunkten zum Bibliothekssystem. Auch der Hochschullehrer muß eine neue Benutzungsstrategie entwickeln.

Natürlich wird er als *Forscher* versuchen, die Lehre möglichst weitgehend mit seiner Forschung zu koordinieren. Bei sehr speziellem Forschungsgebiet ist die Informationssituation für ihn freilich kaum anders als die des nichthochschulgebundenen Forschers. Hier gibt es Kontaktformen, die neben den publizierten auch nicht oder noch nicht publizierte Informationen direkt zugänglich machen. Die Vorstellung, daß *alles* Publizierte über direkten Kontakt (persönlicher Schriftentausch) hereinkommt, mußte inzwischen revidiert werden. Außerdem benötigt auch der Spezialist Informationen aus Grenzgebieten und allgemeine Informationen. Auch er braucht Bibliotheken, gerade er muß eine sehr präzise Benutzungsstrategie entwickeln, die schließlich auch das „browsing" einschließt.

Beim *Praktiker* dürfte die nicht seltene Einstellung: nach dem Examen kein Buch mehr! bald der Vergangenheit angehören. Die neue Verbindung von Forschung — Entwicklung — Praxis macht die laufende Information notwendig. Ein Mindestmaß an Bibliotheksbenutzung und eine entsprechende Bibliotheksstrategie sind erforderlich.

Bei Forschern und Praktikern ist die Meinung vertreten, daß die Informationsflut die *Kreativität* beeinträchtigt. Bei umfassender Information bleibe keine Zeit mehr zu eigener Arbeit. Wenn die Meinung zutrifft, ist es umso wichtiger, eine Informationsstrategie zu entwickeln. Sie schließt die Strategie der Bibliotheksbenutzung ein.

VII. Umgang mit Bibliothekaren

1945 brachte die American Library Association eine Broschüre heraus mit dem Titel „Patrons are people". Sie wurde 1962 von der Stadtbibliothek Hannover übersetzt, auf deutsche Verhältnisse übertragen und unter dem Titel „Leser sind auch Menschen" herausgegeben. In ihr wurden dem Bibliothekar praktische Winke für den Umgang mit dem Benutzer gegeben. Dabei ist der Gedanke des „service" selbstverständlich der rote Faden, der sich durch das Ganze zieht. Bereits 1890 hatte der deutsche Bibliothekar Armin Graesel in seinem Buch „Grundzüge der Bibliothekslehre" die „Humanität" als oberste Tugend gefordert.

Der Bibliotheksbenutzer kann heute voraussetzen, daß die Bibliothek sich als *„Dienstleistungsbetrieb"* begreift. Zugleich sollte er wissen, daß auch Bibliothekare Menschen sind. In der Überzahl sind es Menschen weiblichen Geschlechts.

Das *„Image"* des Bibliothekars ist immer noch ziemlich antiquiert. Es ist noch nicht ganz gelungen, die „Spitzwegfigur", den „Bücherwurm" aus dem öffentlichen Bewußtsein zu verdrängen. Als „Lindwurm" hockt er, der Bibliothekar, auf seinen Schätzen, als „Drachen" in Rock und Bluse hält sie, die Bibliothekarin, streng auf Ordnung und Sauberkeit in Bibliothek und Literatur — solchen Stereotypen kann man auch heute noch begegnen. Natürlich sind sie im Schwinden begriffen, aber ein neues, positives Bild ist noch nicht entstanden. Tatsächlich ist das historische Erbe, vom heutigen Standpunkt betrachtet, nicht übermäßig erfreulich. Für Leibniz und Lessing war die Bibliothek mehr oder weniger Sinecure. Im 19. Jahrhundert gab es tüchtige, ja hervorragende Gelehrte unter den Bibliothekaren, die dann freilich wenig Zeit für die Bibliothek hatten oder sie bald verließen, wie die Brüder Grimm. Im großen und ganzen war der Bibliothekar bis in das 20. Jahrhundert hinein ein „introvertierter Typ".

Ein Wandel begann mit dem *„Volksbibliothekar"*. Mit ihm kam der mehr extrovertierte Typ in den Beruf. Führende Volksbibliothekare spielten eine bedeutende Rolle in der Volksbildungsbewegung. Freilich gab es auch, situationsbedingt, den Typ des Schulmeisters und Besserwissers. Eine seltsame, nicht einflußlose Ideologie forderte die „gescheiterte Existenz" als Berufsvoraussetzung.

Im *wissenschaftlichen* Bibliothekswesen gab es „gescheiterte" Lehrer, die gute Bibliothekare wurden, und solche, die es nicht wurden. Mehr noch gab es Akademiker, die den Beruf ergriffen in der Hoffnung, wissenschaftlich weiterzuarbeiten oder gar die eigentlich erstrebte akademische Laufbahn doch noch einschlagen zu können. Bis auf wenige, bemerkenswerte Ausnahmen wurde die Hoffnung enttäuscht. Der Beruf des *wissenschaftlichen Bibliothekars* wurde erst in der zweiten Hälfte des 20. Jahrhunderts als Beruf „sui generis" nach und nach akzeptiert.

Mit dem *„Diplombibliothekar"* entstand ab etwa 1900 ein bibliothekarischer Beruf des „mittleren", später „gehobenen" Dienstes. Seine ursprüngliche Bestimmung war, den akademischen Bibliothekar „von mechanischen Arbeiten zu entlasten".

In *Spezialbibliotheken* wurden zumeist keine Berufsbibliothekare eingesetzt. Aus dem Ressentiment entwikkelte sich etwas sehr Positives: die Dokumentation. Es entwickelte sich der Beruf des *Dokumentars,* der durchaus Ansehen genießt, dem aber immer noch die laufbahnrechtliche Anerkennung fehlt.

Das Berufsbild des *modernen Bibliothekars* ist noch in der Entwicklung, ebenso wie die moderne Bibliothek als Dienstleistungsbetrieb und Informationssystem noch in der Entwicklung ist. Ein wichtiges Moment ist die Ausbildungsreform. Der entscheidende Schritt wird die Einführung des bibliothekswissenschaftlichen Studiums sein, das den Aufbau einer modernen Bibliothekswissenschaft im Rahmen der Informationswissenschaften voraussetzt.

Im gegenwärtigen Zeitpunkt und sicher noch für einige Zeit wird der *Benutzer* es noch mit unterschiedlichen Bibliothekarskategorien zu tun haben. In der öffentlichen Bibliothek seiner Stadt trifft er auf den „Diplombibliothekar an öffentlichen Bibliotheken". Dabei kann es sich um Akademiker oder Nichtakademiker handeln. Das Hochschulstudium ist nicht Voraussetzung für den Beruf, wohl aber eine Verbesserung der Chancen. An Staats-, Landes- und Universitätsbibliotheken gibt es „wissenschaftliche Bibliothekare" und „Diplombibliothekare für den Dienst an wissenschaftlichen Bibliotheken". Die wissenschaftlichen Bibliothekare haben ein Hochschulstudium und eine bibliothekarische Ausbildung absolviert, die Diplombibliothekare mit Abitur nur die Ausbildung. Kennzeichnend für die neuere Entwicklung ist, daß die Grenzen häufig überschritten werden. An Spezial- und Institutsbibliotheken sind alle möglichen bibliothekarischen Kategorien vertreten, außerdem nach wie vor Nichtbibliothekare, vor allem Wissenschaftler in bibliothekarischen Positionen.

Außer den Bibliothekaren findet der Benutzer in der Bibliothek *Bibliothekspersonal* für verschiedene technische und Verwaltungsaufgaben vor. Für dieses Personal ist eine regelrechte Ausbildung gerade im Aufbau. Das Gros ist „angelernt". Es bringt sehr unterschiedliche Voraussetzungen mit, zumeist eine „mittlere" Bildung (Realschule).

Ein beträchtlicher Teil der Bibliotheksarbeit wird intern geleistet. Es ist ein Ziel der Rationalisierung des Bibliotheksbetriebes, mehr Kräfte im *Publikumsdienst* einsetzen zu können. Allerdings ist das Funktionieren des internen Betriebes die Voraussetzung für einen guten Publikumsservice.

Der *Kontakt* zwischen Benutzer und Bibliothekspersonal findet in der Hauptsache an den Auskunftsstellen und an den Ausleihstellen statt.

An den *Ausleihstellen* hat es der Benutzer hauptsächlich mit nicht-bibliothekarischem Personal zu tun. In allen Bibliotheken gibt es Anlaß zu Unmut, den einmal die Bibliothek, ein anderes Mal der Benutzer selbst zu vertreten hat. Wer die Leihfrist überschritten hat, muß Versäumnisgebühr bezahlen: es sollte als technischer Vorgang genommen werden, aber irgendwie schleicht sich Unmut ein. Ein bestelltes Buch wird aus irgendeinem Grund nicht aufgefunden: hier scheinen chaotische Zustände zu herrschen. Einem Antrag auf Fristverlängerung kann nicht stattgegeben werden, da eine Vormerkung vorliegt: man solle doch nicht so bürokratisch sein. Ein im auswärtigen Leihverkehr bestelltes Buch trifft nach drei Monaten ein: und dafür soll noch Gebühr bezahlt werden?

Hat der Benutzer berechtigten Grund zum Unmut, sollte

er ihn nicht am Personal der Leihstelle auslassen, sondern sich an den bibliothekarischen Leiter der Leihstelle, den Leiter des Benutzungsdienstes oder den Bibliotheksleiter wenden.

Auskunftsstellen gibt es im Lesesaal, am Katalog, am bibliographischen Apparat und in Spezialabteilungen. In Freihandbibliotheken sind sie auch im freizugänglichen Regalbereich eingerichtet. Bei Bibliotheken, die in Fachabteilungen gegliedert sind, gibt es eine zentrale Auskunftsstelle und Auskunftsstellen bei den Fachabteilungen. Die Lesesaalauskunft bezieht sich auf Anfragen, die mit Hilfe von Nachschlagewerken zu beantworten sind; die Katalogauskunft hilft bei der Katalogbenutzung, die bibliographische bei der bibliographischen Ermittlung, die im Freihandbereich bei der Ermittlung am Regal. Die Auskunftsstellen bei Fachabteilungen nehmen alle diese Aufgaben wahr, bezogen auf die Fächergruppen. Die zentrale Auskunftsstelle hilft bei der Benutzung der allgemeinen Nachschlagewerke, Kateloge, Bibliographien und ist Leitstelle für den gesamten Auskunftsbetrieb.

Die Auskunftsstellen sind im allgemeinen mit *Diplombibliothekaren* besetzt. Diese sind bibliotheksfachlich geschult, haben sich auch in der Fachabteilung zumeist beachtliche Kenntnisse des Faches, in dem sie bibliothekarisch mitarbeiten, angeeignet, aber sie haben kein wissenschaftliches Fachstudium absolviert. So entsteht zuweilen die *psychologische Situation,* daß der Bibliothekar in bibliotheksmethodischer, der Benutzer in fachlicher Hinsicht „überlegen" ist. Diese Situation sollte weder von der einen noch von der anderen Seite hochgespielt werden, vielmehr sollte die Gelegenheit dazu benutzt werden, voneinander zu lernen.

In bestimmten Situationen wird der gut geschulte Diplombibliothekar den Kontakt zwischen dem Benutzer und dem wissenschaftlichen Bibliothekar, der als *Fachreferent* für das fragliche Gebiet tätig ist, herstellen. Hier kann sich natürlich die erwähnte psychologische Situation wiederholen, wenn der Benutzer ausgesprochen nur Spezialist ist.

Gelegentlich schätzt der Benutzer die *Literaturkenntnis* des Bibliothekars außerordentlich hoch ein. Das ist ehrenvoll für diesen, kann oder muß aber zu Überforderungen und Enttäuschungen führen. Eine kleine Kalkulation mag zeigen, was möglich und was nicht möglich ist. Der Fachreferent für Anglistik einer Universitätsbibliothek schafft heute jährlich 2000 Bände an; dazu kommen 200 laufend gehaltene Zeitschriften mit durchschnittlich 25 relevanten Aufsätzen im Jahr, das sind 5000 Dokumente. Das Jahr hat 365 Tage. Jeder kann sich ausrechnen, was er lesen kann, was er anliest, was ihm nur durch die Hand geht und was im Gedächtnis haften bleibt. Bei dem Fachreferenten für Physik ist die Zahl der Bände sicher geringer, die der Aufsätze sicher höher. Der Satz „Ein Bibliothekar, der liest, ist ein verlorener Mann" ist sicher „understatement". Ganz ohne Literaturkenntnis geht es nicht. Aber sie kann nur begrenzt sein. Wichtig ist, daß er fachlich auf dem laufenden bleibt, noch wichtiger das „Gewußt, wo". Der Auskunftsbibliothekar muß so etwas wie detektivische Fähigkeiten haben, er muß sich auf den Benutzer einstellen, ihm helfen können, indem er ihm den Weg zeigt. Den Weg gehen muß der Benutzer selber.

Jeder Benutzer hat ein *Recht* auf die Hilfe des Auskunftsbibliothekars. Er soll dieses Recht auch wahrnehmen, wenn es nötig ist. Gelegentlich hat der Bibliothekar am Auskunftspult Arbeiten zu erledigen, die eigentlich intern sein sollten, für die aber die Zeit fehlt, weil Personalmangel herrscht. Gelegentlich „liest" er sogar, um eine relativ ruhige Betriebszeit zu nutzen. Der Benutzer möchte dann nicht stören. Diese Zurückhaltung ist fehl am Platze. Die primäre Aufgabe des Auskunftsbibliothekars ist es, Auskünfte zu erteilen und dem Benutzer zu helfen, die andere ist sekundär und jederzeit zurückzustellen. Der Auskunftsbibliothekar ist sogar gehalten, von sich aus in taktvoller Weise seine *Hilfe anzubieten,* wenn ein Benutzer sich offenbar nicht zurechtfindet. Der Benutzer sollte dies Verhalten nicht als Aufdringlichkeit ansehen. Auch für den „erfahrenen" Benutzer ist es sicherlich keine Beleidigung, wenn er von einer „neuen" Bibliothekarin in freundlichem Irrtum als Anfänger eingeschätzt wurde.

Der Benutzer muß sich überhaupt auf die Tatsache einstellen, daß er es nicht immer mit *erfahrenen Bibliothekaren* zu tun hat. Die Fluktuation im bibliothekarischen Beruf ist groß. Von 10 Diplombibliothekarinnen ist fünf Jahre nach dem Examen nur noch eine im Beruf. So müssen immer wieder neue Kräfte eingesetzt werden. Zwar wächst die Zahl derer, die später wieder in den Beruf zurückkehren, aber bei der Entwicklung der Bibliotheksarbeit brauchen auch sie wieder eine Einarbeitungszeit. So herrscht fast immer *Personalmangel.* Auch im Auskunftsdienst müssen Vertretungen eingesetzt werden, die nicht so versiert sein können wie die Stelleninhaber.

Dem Bibliotheksbenutzer steht natürlich auch ein *Beschwerderecht* zu. Auch von ihm sollte er Gebrauch machen und nicht in schweigendem Protest die Bibliotheksbenutzung einstellen. Die Beschwerde kann helfen, Übelstände abzustellen oder eine Klärung der Situation herbeizuführen. Natürlich ist sie an der richtigen Stelle anzubringen: weder die Garderobenfrau noch der Bundespräsident sollten bemüht werden.

Sehr wichtig ist die *Kritik in der Sache.* Sie veranlaßt den Bibliothekar, über Verbesserungen oder Reformen nachzudenken. Gehäufte Kritik gibt ihm die Möglichkeit, bei den Instanzen, die für die Mittelbewilligung zuständig sind, seine Forderungen mit mehr Nachdruck zu vertreten. Ein Bibliothekar, der auf Kritik beleidigt reagiert, ist schlecht beraten. Er braucht die Kritik durch den Benutzer, um die

Bibliotheksarbeit auf die Bedürfnisse der Benutzer richtig einzustellen. Denn die Bibliothek ist ja nicht für den Bibliothekar, sondern für den Benutzer da. Sicherlich soll der Benutzer im Umgang mit dem Bibliothekar beachten, daß Bibliothekare auch Menschen sind, er soll sie weder über- noch unterschätzen. Auch sollten die Möglichkeiten der Bibliothek realistisch beurteilt werden. Aber er möge seine Kritik in der Sache nicht zurückhalten bzw. sie so äußern, daß sie den Bibliothekar auch erreicht. Kritische Zusammenarbeit zwischen Benutzer und Bibliothekar ist erforderlich.

In jüngster Zeit hat als Zweig der Bibliotheksforschung auch die Benutzerforschung eingesetzt. Benutzerinterviews werden veranstaltet, Fragebogen ausgegeben. Solche Dinge sind manchmal etwas lästig. Der Benutzer sollte sich ihnen aber nicht entziehen, sondern die Gelegenheit zu kritischer Zusammenarbeit nutzen. Das Ergebnis wird auch ihm zugutekommen.

Anlage 1

Titelaufnahme und Ordnung der Titel

nach dem neuen Regelwerk

(1) Achinger, Hans

Wilhelm Merton in seiner Zeit. Frankfurt M.: Kramer 1965. 445 S.

a Achinger
b Hans
c Wilhelm Merton in seiner Zeit.
d Frankfurt M.
e Kramer
f 1965
g 445 S.

(2) Baermann, Johannes

Die Städtegründungen Heinrichs des Löwen und die Stadtverfassung des 12. Jahrhunderts. Rechtsgeschichtl. Untersuchung von Johannes Bärmann.
Köln, Graz: Böhlau 1961. 32, 309 S.
= Forschungen zur deutschen Rechtsgeschichte. Bd. 1.

nach den „Preußischen Instruktionen"

(1*) Adler Friedrich Ausnahmegericht

Friedrich Adler vor dem Ausnahmegericht. 18. und 19. Mai 1917. Hrsg. u. eingel. von J(ohann) W(olfgang) Brügel.
Wien, Frankfurt M.: Europa V. 1967. 280 S.

(2*) Arbeitsanweisungen Katalogabteilung

Arbeitsanweisungen für die Katalogabteilung. Entwurf. Bibliothek des Instituts für Weltwirtschaft (Kiel).
Kiel 1964. 7. 252 S.

(3*) Beitraege Bremer Volksbildung

Bremer Beiträge zur freien Volksbildung. Hrsg. von der Bremer Volkshochschule.
H. 1-
(Hannover 1960- : Dorn.)

(3) Berlin, Normand

The base string.
(a) The underworld in Elizabethan drama.
Rutherford N. J.: Fairleigh Dickinson U.P. 1968. 244 S.

(4) Berlin ‹West›

Statistisches Jahrbuch Berlin. Hrsg. Statistisches Landesamt Berlin. (Jg. . .)
Berlin: Kulturbuchv.

(5) Berlin

Berlin. Struktur und Entwicklung. Bearb. von Karl Heinz Katsch.
Stuttgart: Kohlhammer 1966. 12, 202 S.
= Zahl und Leben. H. 5

(6) Braun, Werner

Studien zum Ruodlieb.
(a) Ritterideal, Erzählstruktur u. Darstellungsstil.
Berlin: de Gruyter 1962. 6, 117 S.
= Quellen und Forschungen zur Sprach- und Kulturgeschichte der germanischen Völker. N.F. 7.

(4*) Berlin

Berlin. Struktur und Entwicklung. Bearb. von Karl Heinz Katsch.
Stuttgart: Kohlhammer 1966. 12, 202 S.
(Zahl und Leben. H. 5.)

(5*) Berlin Jahrbuch statistisches

Statistisches Jahrbuch Berlin. Hrsg.: Statistisches Landesamt Berlin. (Jg. . .)
Berlin: Kulturbuch-V.

(6*) Berlin, Normand

The base string. The underworld in Elizabethan drama.
Rutherford N. J.: Fairleigh Dickinson U. P. 1968. 244 S.

(7*) Braun, Werner von

Wernher von Braun. Bemannte Raumfahrt (Space frontier, dt.) Übers. v. Werner Büdeler.
Frankfurt M.: G. B. Fischer 1968. 268 S.

(7) Braun, Wernher (von)

Bemannte Raumfahrt (Space frontier, dt.). Aus dem Amerikan. übers. v. Werner Büdeler. Frankfurt M.: G. B. Fischer 1968. 268 S.

(8) Bremen, Staatsgerichtshof

Entscheidung des Staatsgerichtshofs der Freien Hansestadt Bremen vom 9. November 1968 zur Frage der Einsetzung eines ständigen Petitionsausschusses durch die Bürgerschaft. Hrsg. v. d. Verw. d. Brem. Bürgerschaft.
Bremen: Verw. d. Brem. Bürgerschaft 1968. 15 S.

(9) Bremer Beiträge zur freien Volksbildung.

Bremer Beiträge zur freien Volksbildung. Hrsg. v. d. Bremer Volkshochschule.
Bremen: Bremer Volkshochschule.

(10) Bruegel, Johann Wolfgang (Hrsg.)

Friedrich Adler vor dem Ausnahmegericht, 18. und 19. Mai 1917. Hrsg. und eingeleitet v. J(ohann) W(olfgang) Brügel.
Wien, Frankfurt M.: Europa V. 1967. 280 S.

(11) Buedeler, Werner (Übers.)

Bemannte Raumfahrt. (Space frontier. dt.). (Von) Wernher von Braun. Aus dem Amerik. übers. v. Werner Büdeler.
Frankfurt M.: G. B. Fischer 1968. 268 S.

(12) Bundesgesetzblatt

Hrsg. v. Bundesminister der Justiz.
Bonn: Bundesanzeiger V.

(8*) Braun, Werner

Studien zum Ruodlieb. Ritterideal, Erzählstruktur u. Darstellungsstil.
Berlin: de Gruyter 1962. 6, 117 S.
(Quellen und Forschungen zur Sprach- und Kulturgeschichte der germanischen Völker. N. F. 7.)

(9*) Bruegel, Johann Wolfgang (Hrsg.)

s.

Adler, Friedrich, vor dem Ausnahmegericht. 1967.

(10*) Buedeler, Werner (Übers.)

s.

Braun, Werner von: Bemannte Raumfahrt (Space frontier, dt.) 1968.

(11*) Bundesparteitag Union christlichdemokratische

11. Bundesparteitag CDU (Christlich-Demokratische Union Deutschlands), Dortmund 2.—5. 6. 1962.
Hamburg: Sator 1962. 345 S.
Umschlagt.: 11. Bundesparteitag der CDU

(13) Čechov, Anton Pavlovič

Meine Frau (Žena, dt.). (Von) A. P. Tschechow.
Wiesbaden: Insel-V. 1958. 61 S.
= Insel-Bücherei. Nr. 666

(12*) Chansons deutsche

Deutsche Chansons. Brettl-Lieder. Von (Otto Julius) Bierbaum (u. a.)
Leipzig: Insel-V. 1911. 249 S.

(14) Christlich Demokratische Union Deutschlands, Bundesparteitag ‹11›

11. Bundesparteitag CDU (Christlich Demokratische Union Deutschlands), Dortmund, 2.—5. 6. 1962
Hamburg: Sator 1962. 345 S.
Umschlagt.: 11. Bundesparteitag der CDU

(15) Confucius

Kungfutse. Schulgespräche (Gia Yü, dt). Aus dem Chines. übers. u. erl. von Richard Wilhelm. Aus d. Nachl. hrsg. v. Hellmut Wilhelm.
Düsseldorf, Köln: Diederichs 1961. 237 S.
= Diederichs Taschenausgaben. 24.

(16) DellaPeruta, Franco
Democrazia e socialismo nel Risorgimento. Saggi e ricerche. (Von) Franco Della Peruta. Roma: Ed. Riuniti 1965. 463 S. = Nuova biblioteca di cultura. 57.

(17) Deutsche Chansons
Deutsche Chansons. Brettl-Lieder. Von (Otto Julius) Bierbaum (u.a.)
Leipzig: Insel-V. 1911. 249 S.

(18) Deutsche Texte des Mittelalters.
Hrsg. von der Deutschen Akademie der Wissenschaften (Berlin-Ost).
Berlin: Akademie-V.

(19) Deutscher Ingenieurschulführer
Hrsg.: Arbeitskreis der Direktoren an Deutschen Ingenieurschulen. Jg. . .
Berlin: VDE-V.

(20) Deutsches Geistesleben und Nationalsozialismus.
Eine Vortragsreihe der Univ. Tübingen. (Von) Hermann Diem (u. a.). Hrsg. v. Andreas Flitner.
Tübingen: Wunderlich 1965. 243 S.

(21) Deutschland ‹Bundesrepublik›
Statistisches Jahrbuch für die Bundesrepublik Deutschland. Jg. . .
Wiesbaden: Statistisches Bundesamt.

(13*) Dramen englische irische

Englische und irische Dramen. J(ohn) M(illington) Synge (u. a.). Dt. v. Herberth E. Herlitschka (u. a.)
Frankfurt M.: Fischer 1960. 362 S.
(Theatrum mundi.)

(22) DuBois, Rachel Davis

Neighbours in action. A manual for local leaders in intergroup relations. By Rachel Davis Du Bois.
New York: Harper 1950. 14, 294 S.

(23) DuBos, Charles

Le dialogue avec André Gide. (Von) Charles du Bos.
Paris: Correa 1947, 10, 356 S.

(24) Englische und irische Dramen

(Von) J(ohn) M(illington) Synge (u.a.). Dt. von Herberth E. Herlitschka (u. a.).
Frankfurt M.: Fischer 1960. 362 S.
= Theatrum mundi.

(14*) Entscheidung Staatsgerichtshof Bremen

Entscheidung des Staatsgerichtshofs der Freien Hansestadt Bremen vom 9. November 1968 zur Frage der Einsetzung eines ständigen Petitionsausschusses durch die Bürgerschaft. Hrsg. v. d. Verw. d. Brem. Bürgerschaft
Bremen: Verw. d. Brem. Bürgerschaft 1968. 15 S.

(25) Fichte, Johann Gottlieb

Schriften zur Gesellschaftsphilosophie. (Von Johann Gottlieb) Fichte. Eingel., erl. u. mit Anm. vers. v. Hans Riehl. T ..
Jena: Fischer
= Die Herdflamme. Bd. 15/16.
1. Reden an die deutsche Nation. 1928
2. Drei Schriften über den Gelehrten. 1929

(15*) Friedrich Große
Maria Theresia

Friedrich der Große und Maria Theresia in Augenzeugenberichten. Hrsg. u. eingel. v. Hans Jessen.
Düsseldorf: Rauch 1965. 531 S.
(In Augenzeugenberichten)

(26) Friedrich
‹Preußen König 2›

De la litterature allemande (franz. u. dt.) —1780—. Von Friedrich dem Großen. Hrsg. v. Ludwig Geiger. 2. verm. Aufl. nebst Chr. W. v. Dohms dt. Übers.
Berlin: Behr 1902. 60, 84 S.

(27) Friedrich, Hermann

Meeresbiologie. Eine Einführung in die Probleme und Ergebnisse. 206 Abb. u. 6 farb. Taf.
Berlin: Bornträger 1965. 8, 436 S.
Mit Bibliogr.

(28) Friedrich Adler vor dem Ausnahmegericht.

18. und 19. Mai 1917. Hrsg. u. eingel. v. J(ohann) W(olfgang) Brügel.
Wien, Frankfurt M.: Europa V. 1967. 280 S.

(29) Friedrich der Große und Maria Theresia
in Augenzeugenberichten. Hrsg. u. eingel. v. Hans Jessen.
Düsseldorf: Rauch 1965. 531 S.

(16*) Geistesleben deutsches Nationalsozialismus
Deutsches Geistesleben und Nationalsozialismus. Eine Vortragsreihe der Univ. Tübingen. Von Hermann Diem (u. a.). Hrsg. von Andreas Flitner.
Tübingen: Wunderlich 1965. 243 S.

(30) Gesell, Arnold Lucius
Youth: the years from ten to sixteen. By Arnold (Lucius) Gesell, Frances L(illian) Ilg, Louise Bates Ames.
London: Hamish Hamilton 1965. 16, 542 S.
= Hamish Hamilton paperback. 9.

(31) Goldschmidt, Z. B.
Properties and methods of interpretation of rare-earth spectra. (Von) Z. B. Goldschmidt.
In: Spectroscopic and group theoretical methods in physics. 1968, S. 411—457.

(17*) Goldstein, Leo S.
s.
Gotkin, Lassar G.: Grundkurs in Statistik (Descriptive statistics, dt.). 1967—68.

(32) Goldstein, Leo S.
Grundkurs in Statistik (Descriptive Statistics, dt.). Ein programmiertes Lehrbuch in zwei Bänden. Von Lassar G. Gotkin und Leo S. Goldstein. Bd. 1. 2.
München: Oldenbourg 1967-68.

(33) Gotkin, Lassar G.
Grundkurs in Statistik (Descriptive statistics, dt.). Ein programmiertes Lehrbuch in zwei Bänden. Von Lassar G. Gotkin und Leo S. Goldstein. Bd. 1. 2.
München: Oldenbourg 1967-68.

(34) Grass, Günter
Ausgefragt. Gedichte u. Zeichnungen.
Neuwied: Luchterhand 1967.
105 S.

(35) Grass, Günter
Die Besteuerung der Kommanditgesellschaft auf Aktien.
München: 1969. 18, 102 S.
München, jur. Diss.
Mit Bibliogr.

(36) Grass, Günter
Die Blechtrommel. Roman.
Darmstadt: Luchterhand 1959.
736 S.

(37) Grillparzer, Franz
(Werke) 1909-
Sämtliche Werke. Histor. krit. Gesamtausg. Im Auftrag der Stadt Wien hrsg. v. August Sauer, fortgef. v. Reinhold Backmann mit Unterstützung des Minist. f. innere u. kulturelle Angelegenheiten.
Wien: Schroll

(38) Grillparzer, Franz
(Werke) 1910-
Werke. In 16 Teilen. Hrsg. v. Stefan Hock.
Berlin: Bong (um 1910)
= Goldene Klassiker-Bibliothek.

(39) Grillparzer, Franz
(Werke) 1965
Sämtliche Werke. Ausgewähl. Briefe, Gespräche, Berichte. Hrsg. v. Peter Frank u. Karl Pörnbacher. Nachw. von Curt Hohoff. Bd. 1—4.
München: Hanser
1. Gedichte. Epigramme, Dramen 1. 1960
2. Dramen 2. Jugenddramen. Dramat. Fragmente und Pläne. 1961
3. Satiren. Fabeln und Parabeln. Erzählungen und Prosafragmente. Studien und Aufsätze. 1964.
4. Selbstbiograpien. Autobiograph. Notizen. Erinnerungen, Tagebücher. Briefe, Zeugnisse und Gespräche in Auswahl. 1965

(18*) Grillparzer, Franz
(Werke, Ausz.)
Der innere Orden. Ein Brevier. Aus Werken, Briefen u. Tagebüchern zsgest. u. hrsg. von Christoph Meyer.
München: Piper 1947. 238 S.

(19*) Grillparzer, Franz
König Ottokars *Glück* und Ende. Trauerspiel in fünf Aufzügen.
Stuttgart: Cotta 1872. 240 S.

(40) Grillparzer, Franz
Das *goldene Vlies.* Dramatisches Gedicht in drei Abteilungen.
Wien: Wallishauser 1822. 302 S.

(41) Grillparzer, Franz
Der *innere* Orden. Ein Brevier. Aus Werken, Briefen u. Tagebüchern zsgest. u. hrsg. von Christoph Meyer.
München: Piper 1947. 238 S.

(42) Grillparzer, Franz
König Ottokars Glück und Ende. Trauerspiel in fünf Aufzügen.
Stuttgart: Cotta 1872. 240 S.

(43) Grillparzer, Franz
Des *Meeres* und der Liebe Wellen. Trauerspiel in fünf Aufzügen.
Wien: Wallishauser 1840. 144 S.

(20*) Grillparzer, Franz
Das goldene *Vlies*. Dramatisches Gedicht in drei Abteilungen.
Wien: Wallishauser 1822. 302 S.

(44) Grillparzer, Franz
Weh dem, der lügt. Lustspiel in fünf Aufzügen.
Stuttgart: Cotta 1872. 145 S.

(21*) Grillparzer, Franz
Weh dem, der lügt. Lustspiel in fünf Aufzügen.
Stuttgart: Cotta 1872. 145 S.

(22*) Grillparzer, Franz
Des Meeres und die Liebe *Wellen*. Trauerspiel in fünf Aufzügen.
Wien: Wallishauser 1840. 144 S.

(23*) Handbuch Meyer Weltall
Meyers Handbuch über das Weltall. Hrsg. u. bearb. von Sebastian von Hoerner u. Karl Schaifers. Mit etwa 100 Abb., einen Sternatlas mit 9 dreifarb. Sternkarten u. 32 Kunstdrucktaf. 1. 2.
Mannheim: Bibliogr. Inst. 1960.

(45) Heinrich ‹von Veldeke›
Eneide. (Von) Henric van Veldeken. Hrsg. v. Gabriele Schieb (u.a.).
Berlin: Akademie-V.
= Deutsche Texte des Mittelalters. 58.59.62.
1. Einleitung. Text. 1964
2. Untersuchungen. 1965
3. Wörterbuch. 1970

(46) Heinrich, Lutz Jürgen
Gemeinsame Computerbenutzung in der Industrie. Datenverarbeitung außer Haus. (Von) Lutz J(ürgen) Heinrich.
Wiesbaden: Gabler 1969. 222 S.

(47) Heinrich, Walter
Betriebswirtschaftspolitik.
2. neubearb. Aufl.
Berlin: Duncker, Humblot 1967. 12, 153 S.
= Heinrich: Wirtschaftspolitik. Bd. 2.

(48) Horatius Flaccus, Quintus
Die Gedichte des Horaz. (Carmina, lat. u. dt.). Nach Kayser, Nordenflycht und Burger, hrsg. v. Hans Färber. 5. neubearb. Aufl.
München: Heimeran 1949. 324 S.
= Tusculum-Bücherei.

(49) Horaz
s. Horatius Flaccus, Quintus

(24*) Jablokov, Vladimir Sergeevič
Istorija izučenija kamennougol'nych otloženij i uglej Podmoskovnogo bassejna. 1722—1966 gg. (Red.) A. V. Pejve. (Hrsg.) Akademija Nauk SSSR (Moskau), Geologičeski Institut.
Moskva: Izd. Nauka 1967. 260 S.

(50) Ilg, Frances Lillian

Youth: the years from ten to sixteen. By Arnold (Lucius) Gesell, Frances L(illian) Ilg, Louise Bates Ames.
London: Hamish Hamiltor 1965.
16, 542 S.
= Hamish Hamilton paperback. 9.

(51) Institut für Weltwirtschaft ‹Kiel›, Bibliothek

Arbeitsanweisungen für die Katalogabteilung. Entwurf.
Bibliothek des Instituts für Weltwirtschaft (Kiel).
Kiel: 1964. 7. 252 S.

(25*) Jaeger, Oskar

Geschichte der Römer von Oscar Jäger. 5. Aufl.
Gütersloh: Bertelsmann 1884.
XVI, 639 S.

(26*) Jahrbuch statistisches Deutschland Bundesrepublik

Statistisches Jahrbuch für die Bundesrepublik Deutschland Jg. . .
Wiesbaden: Statistisches Bundesamt.

(27*) Ilg, Frances Lillian
s.
Gesell, Arnold Lucius:
Youth: the years from ten to sixteen. 1965.

(28*) Ingenieurschulfuehrer deutscher

Deutscher Ingenieurschulführer. Hrsg.: Arbeitskreis d. Direktoren an Deutschen Ingenieurschulen. Jg. . .
Berlin: VDE-V.

(29*) Jugendgefährdung Schriften

Jugendgefährdung durch Schriften? — Fakten und Faktorenanalyse —. (Hrsg.) Friedrich Weyer. Bd. 1. 2 (in 1 Bd.) Bd. . .

Hückeswagen: Robor-V. 1968.
1. Die kriminologische Bedeutung d. literarischen Jugendschutzes.
2. Eine psychologische Unters. über d. Einfluß von Schmutz- u. Schundliteratur.

(52) Izzo, Alberto

Sociologia della conoscenza.
Roma: Armando 1966. 189.
= Problemi di sociologia. 12.

(30*) Izzo, Alberto

Sociologia della conoscenza.
Roma: Armando 1966. 189 S.
(Problemi de sociologia. 12.)

(53) Jablokov, Vladimir Sergeevič

Istorija izučenija kamennougol'nych otloženij i uglej Podmoskovnogo bassejna. 1722—1966 gg. (Red.) A. V. Pejve. (Hrsg.) Akademija Nauk SSSR (Moskau), Geologičeski Institut.
Moskva: Izd. Nauka 1967.
260 S.

(54) Jaeger, Oscar

Geschichte der Römer von Oscar Jäger. 5. Aufl.
Gütersloh: Bertelsmann 1884.
XVI, 639 S.

(55) Jugendgefährdung durch Schriften

Jugendgefährdung durch Schriften? — Fakten und Faktorenanalyse —. (Hrsg.) Friedrich Weyer. Bd. 1. 2. (in 1 Bd.) Bd. . .

Hückeswagen: Robor-V. 1968

1. Die kriminologische Bedeutung des literarischen Jugendschutzes.

2. Eine psychologische Unters. über den Einfluß v. Schmutz- u. Schundliteratur.

(56) Koenig, Heinz

Multiplikationstheorie der verallgemeinerten Distributionen. (Von) Heinz König.
München: V. d. Bayer. Akad. d. Wiss.; Beck in Komm. 1957. 80 S.
= Bayer. Akademie d. Wiss., Math. nat. Kl. Abhandlungen. N.F.H. 82

(57) Konfucius

s. Confucius

(58) Kubin, Alfred (Ill.)

Fantastic tales. By Edgar Allan Poe. With 25 ill. by Alfred Kubin.
Stuttgart: Tauchnitz 1954. 13, 268 S.
= Tauchnitz Edition. New Series. 138.

(59) Kungfutse

s. Confucius

(60) Lenau, Nikolaus

(Werke) 1900
Werke. (Von) Nikolaus Lenau (d. i. Nikolaus Niembsch von Strehlenau). Hrsg. von Carl Hepp. Bd. 1. 2.
Leipzig: Bibliogr. Institut (um 1900)

(61) Meyer,

Tennysons Jugendgedichte in deutscher Übersetzung. Von Meyer.
Münster 1914 : Theissing.
127 S.
= 10. Jahresbericht d. städt. Oberrealschule zu Münster i. W. Wissensch. Beilage.

(62) Meyer, A.
Die Biochemie Dr. med. Schüsslers und ihre Anwendung in Krankheitsfällen. Ein Haus- u. Familienarzt. Von A. Meyer. 4. verm. u. verb. Aufl.
Oldenburg: Biochem. Verein 1915. IX, 272 S.

(63) Meyer, Adolf
Theoretisch-praktische Anleitung zum Binden der französischen Wörter bei der Aussprache.
Hannover: Rümpler 1877. Getr. Pag.

(64) Meyer, Erwin
Physikalische Grundlagen der Hochfrequenztechnik. (Von) E(rwin) Meyer, R(einhard) Pottel.
Braunschweig: Vieweg 1969. 335 S.
= Unitext.

(65) Meyer, Wilhelm
Gesammelte Abhandlungen zur mittellateinischen Rhythmik. Repr. Nachdruck der Ausgabe Berlin 1905—1936. Bd. 1—3.
Hildesheim: Olms 1970.

(66) Meyer ZurCapellen, Walther
Integraltafeln. Sammlung unbestimmter Integrale elementarer Funktionen. Von W(alther) Meyer zur Capellen.
Berlin: Springer 1950. 8, 292 S.

(67) Meyer-Abich, Adolf
Geistesgeschichtliche Grundlagen der Biologie. Mit 41 Abb.
Stuttgart: Fischer 1963. 322 S.

(31*) Meyer, Wilhelm
Gesammelte Abhandlungen zur mittellateinischen Rhythmik. Repr. Nachdruck der Ausgabe Berlin 1905—1936. Bd. 1—3.
Hildesheim: Olms 1970.

(32*) Meyer-Abich, Adolf
Geistesgeschichtliche Grundlagen der Biologie. Mit 41 Abb.
Stuttgart: Fischer 1963. 322 S.

(68) Meyercordt, Walter

Behälter und Paletten. Handbuch zur inner- und außerbetrieblichen Transportrationalisierung.
Darmstadt: Röhrig 1960.
324 S.

(69) Meyers Handbuch über das Weltall

Hrsg. u. bearb. v. Sebastian von Hoerner und Karl Schaifers. Mit etwa 100 Ann., einen Sternatlas m. 9 dreifarb. Sternkarten u. 32 Kunstdrucktaf. 1.2.
Mannheim: Bibliogr. Inst. 1960

(70) Nibelungenlied 1965

Das Nibelungenlied. Nach der Ausgabe v. Karl Bartsch hrsg. v. Helmut de Boor. 18. Aufl.
Wiesbaden: Brockhaus 1965.
59, 389 S.
=Deutsche Klassiker des Mittelalters.

(71) Nibelungenlied ‹=/nhd› 1964

Das Nibelungenlied (mittelhochdt. u. neuhochdt.). Zweisprachig. Hrsg. u. übertr. v. Helmut de Boor. 2. Ausg.
Bremen: Schünemann (1964).
27, 700 S.
= Sammlung Dieterich. Bd. 250.

(33*) Meyer ZurCapellen, Walter

Integraltafeln. Sammlung unbestimmter Integrale elementarer Funktionen. Von W(alther) Meyer zur Capellen.
Berlin: Springer 1950. 8, 292 S.

(34*) Meyercordt, Walter

Behälter und Paletten. Handbuch zur inner- und außerbetrieblichen Transportrationalisierung.
Darmstadt: Röhrig 1960. 324 S.

(72) Nibelungenlied ‹nhd› 1966
Das Nibelungenlied (neuhochdeutsch). In Prosa übertr. v. Horst Wolfram Geissler. Mit 4 Zeichnungen v. Ernst Barlach.
München: Ehrenwirth 1966. 213 S.

(73) Niembsch von Strehlenau, Nikolaus
(wirkl. Name)
s. Lenau, Nikolaus (Pseud.)

(74) Poe, Edgar Allan
Fantastic tales. With 25 ill. by Alfred Kubin.
Stuttgart: Tauchnitz 1954. 13, 268 S.
= Tauchnitz Edition, New Series. 138.

(75) Scholochow, Michail
s. Šolochov, Michail Aleksandrovič

(76) Šolochov, Michail Aleksandrovič
Flimmernde Steppe (Lazorevaja step', dt.) und andere Erzählungen. (Von) Michail Scholochow.
Berlin: V. Kultur und Fortschritt 1959. 375 S.

(77) Šolochov, Michail Aleksandrovič
Tichij Don. Roman. V 4-ch kn. Kn 1—4 (in 2 Bden).
Moskva: Izd. Chudož. lit. 1969.

(35*) Texte deutsche Mittelalter
Deutsche Texte des Mittelalters. Hrsg. v. d. Deutschen Akademie der Wissenschaften (Berlin-Ost.)
Berlin: Akademie-V.

(78) Tolstoj, Lev Nikolaevič
Vojna i mir. T. 1—4.
Moskva: Izd. Chudož. lit. 1968.
= Biblioteka istoričeskogo romana.

(79) Tschechow, Anton
s. Čechov, Anton Pavlovič

Anlage 2

1	2	3	4	5	6	7
А а	*А а*	А а	a	a	a	a
Б б	*Б б*	Б б	b	b	b	b
В в	*В в*	В в	v	w	v	v
Г г	*Г г*	Г г	g	g	g	g
Д д	*Д д*	Д д	d	d	d	d
Е е	*Е е*	Е е	e	e	e	e
Ё ё	*Ё ё*	Ё ё	(ë)	jo	e	e
Ж ж	*Ж ж*	Ж ж	ž	sh	zh	j
З з	*З з*	З з	z	s	z	z
И и	*И и*	И и	i	i	i(y)	i
Й й	*й (Й)*	Й й	j	i, j	i(y)	i
К к	*К к*	К к	k	k	k	k
Л л	*Л л*	Л л	l	l	l	l
М м	*М м*	М м	m	m	m	m
Н н	*Н н*	Н н	n	n	n	n
О о	*О о*	О о	o	o	o	o
П п	*П п*	П п	p	p	p	p
Р р	*Р р*	Р р	r	r	r	r

1	2	3	4	5	6	7
С с	С с	С с	s	s	s	s
Т т	Т т	Т т	t	t	t	t
У у	У у	У у	u	u	u	ou
Ф ф	Ф ф	Ф ф	f	f	f	f
Х х	Х х	Х х	ch	ch	kh	kh
Ц ц	Ц ц	Ц ц	c	z	ts	ts
Ч ч	Ч ч	Ч ч	č	tsch	ch	tch
Ш ш	Ш ш	Ш ш	š	sch	sh	ch
Щ щ	Щ щ	Щ щ	šč	stsch	sch	chtch
ъ	ъ	ъ	-	-	-	-
ы	ы	ы	y	y	ui(u)	y
ь	ь	ь	-	-	-	-
Э э	Э э	Э э	ė	e	e	e
Ю ю	Ю ю	Ю ю	ju	ju	yu	iou
Я я	Я я	Я я	ja	ja	ya	ia

1 Druckschrift — 2 Schreibschrift — 3 Russ. Bibliotheksschrift — 4 Wiss. Transkription — 5 Duden-Transkription — 6 Englische Transkription — 7 Französische Transkription.

Anlage 3

Standortsignaturen

a) *Aufstellung nach der laufenden Nummer des Zugangs*

AM 3224 Stubmann, Peter Gegenwart und Zukunft der Seeschiffahrt Berlin: Mittler 1916. 44 S.	AM 3224

b) *Aufstellung nach der laufenden Nummer mit Jahrgang und Formatbezeichnung*

63.c.1715 Amery, Karl Carl Amery. Die Kapitulation oder deutscher Katholizismus heute. Reinbek b. Hamburg: Rowohlt 1963. 126 S.	63 c 1715

c) *Systematische Aufstellung*

spo 533/10 Strupler, Ernst Planung und Bau von Turn- und Sportgeräten. Baden: Gyr-V. 1966. 173 S.	spo 533 10

pol 065.1 rb/72 Strzelewicz, Willy Der Kampf um die Menschenrechte. Vom amerikanischen Unabhängigkeitskrieg bis zur Gegenwart. Frankfurt M.: Scheffler 1968. 311 S.	pol 065.1 rb/72

ggr 272.6 dit b7/92 Süderdithmarschen Süderdithmarschen 1581 — 1970 Heide: Westholsteinischer V. 1970. 214 S.	ggr 272.6 dit b7/92

DD901.W423S3

Schmidt, Johann

Chronik der Gemeinde Weißkirchen/Ts.
Weißkirchen/Ts.: Selbstverlag 1965. 242 p.

DD
901
W423
S3

Anlage 4

Aus: Register der Dezimalklassifikation. 1951

Bibliothek, vatikanische (Kirchenverwaltung) 262.133.4
Bibliothekarberuf 023.4
Bibliothekare 023.5
Bibliotheken (Architektur) 727.8
— (Öffentl. Verwaltung) 351.852.11
— (Raumordnung) 711.57
—, allgemeine 027
—, Ankauf ganzer 025.225
—, Aufgabe, Zweck, Nutzen 021.1
—, Benutzung 024
—, Erziehung durch (Erziehung) 37.018.61
—, freie öffentliche 027.4
—, Gebäude u. Einrichtungen 022
—, Gruppenbildung 021.63
—, kirchliche (Pastoraltheologie) 257
—, Leihgaben 025.269
Bibliotheken, Leitung, Dienststellen, Personal 023
—, Öffnung am Sonntag (Christl. Kirche) 263.7
—, Verwaltungszweige 025
—, Werbung für 021.7
—, Wirkungskreis 027.02
—, wissenschaftliche 027.021
—, Zusammenarbeit 021.64
— als Bildungsmittel 021.2
— — Erholungsstätten für die Benutzer 021.5
— für Arbeitnehmer (Volkswirtschaft) 331.85:02
— — Ausländer 027.63
— — Berufstätige 027.64
— nach Alter und Geschlecht der Benutzer 027.62

Aus: Schlagwortindex der SuUB Bremen. 1970

Bibliotečno-bibliografičeskaja Klassifikacija bub 893 bbk
Biblioteka Wilanowska bub 840 wii
Bibliotheca Ambrosiana bub 833.5 mai
Bibliothek für Zeitgeschichte bub 831.2 stu
Bibliothekar Beruf bub 524
Bibliothekare deutsche bub 843 deu
Bibliothekare Öffentliche Büchereien bub 526
Bibliothekarinnen bub 530 fra
Bibliotheken Akzession bub 567
Bibliotheken allgemeinbildende bub 794
Bibliotheken asiatische Sprachen bub 781 ori
Bibliotheken Beleuchtung bub 538.5 bel
Bibliotheken Benutzung bub 630
Bibliotheken Bestandsaufbau bub 567
Bibliotheken Bestandssicherung bub 580
Bibliotheken Bettelorden bub 824
Bibliotheken Buchauswahl bub 567
Bibliotheken Buchbindereien bub 666
Bibliotheken Erziehung bub 520 erz
Bibliotheken Etat bub 565.1
Bibliotheken Handschriften bub 789 hsc

Anlage 5

Musterblatt für systematisch geordneten Bandkatalog

bub 630: Bibliotheksbenutzung i. a.

f bub 562.1 z aus/99
* Boehmer, Harald
Das öffentlich-rechtliche Benutzungsverhältnis der öffentlichen Bibliotheken und Büchereien. Mit einer Einf. in ihre Rechtsstellung. Von Harald Boehmer.
Köln: Greven 1966. 16,68 S.
Mit Bibliogr.
= Bibliothekar-Lehrinstitut des Landes Nordrhein-Westfalen (Köln). Arbeiten. H. 29.
H. 29.
bub 630
jur 288.4
bub 562.1 z aus
jur 183.3

f bub 630/925
* provision and use of library
The provision and use of library and documentation services. Some contributions from the Univ. of Sheffield Postgraduate School of Librarianship. Ed. by W(ilfred) L(eonard) Saunders.
Oxford: Pergamon Pr. 1966. 10, 198 S.
Mit Bibliogr.
= International series of monographs in library and information science. Vol. 4.
bub 630
bub 500 mb

f bub 630/321
* Schubarth-Engelschall, Karl
Die Bibliothek und du. Eine Einf. in d. Benutzung d. Bibliotheken u. ihrer Literatur. (Von) Karl Schubarth-Engelschall.
Leipzig: Bibliogr. Inst. 1969. 131 S.
bub 630

bub 631: Benutzungsführer

am 3822
* Füchsel, Hans
Wie benutzt man die Universitätsbibliothek? Ein Wegweiser für ihre Besucher. Von Hans Füchsel. 2. Aufl.
Leipzig: Wiegandt 1913. 46 S.
bub 631.0

f bub 631.2 kie/91
* Johanssen, Ulrich
Einführung in die Benutzung d. Universitätsbibliothek Kiel und ihrer bibliographischen Hilfsmittel. Von Ulrich Johanssen.
Kiel: Univ. Bibl. 1967. 84 S.
Mit Bibliogr.
bub 631.2 kie

f bub 562.3 ddr/211
* Universität (Halle-Wittenberg)
Die Bibliotheken der Martin-Luther-Universität Halle-Wittenberg.
Halle S.: Univ. u. Landesbibl. 1966. 22 S.
= Schriften zum Bibliotheks- und Büchereiwesen in Sachsen-Anhalt. 21.
bub 631.5 hal
bub 562.3 ddr

f bub 500 mb/395
* Bodley, Thomas (Sir)
The life of Sir Thomas Bodley written by himself together with the first draft of the statues of the public library at Oxon.
Chicago: McClurg 1907. 89 S.
An: Literature of libraries in the 17. and 18. centuries. 1967.
bub 632.1 oxf
bub 423 bod

bub 640: Service und Nutzung

f bub 640/524
* Brogan, Gerald E.
Using libraries effectively. (Von) Gerald E. Brogan, Jeanne T. Buck.
Belmont Calif: Dickenson 1969. 10, 116 S.
= Effective English series.
bub 640

f bub 640/359
* Jordan, Robert T.
Tomorrow's library. Direct access and delivery. (Von) Robert T. Jordan.
New York: Bowker 1970. 12, 200 S.
bub 640
bub 671

f bub 640/065
* Slater, Margaret
Use made of technical libraries. (Von) Margaret Slater and Pamela Fisher.
London: ASLIB 1969. 86 S.
Mit Bibliogr.
= Association of Special Libraries and Information Bureaux (London). Occasional publication no 2.
bub 640
ing 001 uy
bub 788
bub 785.7

bub 641: Auskunft
Information

f bub 641/572(5)
* Collison, Robert Lewis
Library assistance to readers. By Robert L(ewis) Collision. With a forew. by W. B. Stevenson. 5. ed.
London: Lockwood 1965. 18, 139 S.
Mit Bibliogr.
= New librarianship series.
bub 641

f bub 641/866
* Foskett, D. J.
Information service in libraries. By D. J. Foskett. With a forew. by Raymond Smith. Reprinted.
London: Lockwood 1962. 142 S.
Mit Bibliogr.
= New librarianship series.
bub 641
bub 872

f bub 641/667(2)
* Ranganathan, Shiyali Ramamrita
Reference service. By S(hiyali) R(amamrita) Ranganathan.
London: Asia Publ. 1961, 432 S.
Mit Bibliogr.
= Ranganathan series in library science. Vol. 2.
bub 641

f bub 641/245
* Reference
Reference. A. programmed instruction prep. by Donald J. Sager.
Columbus Ohio: Ohio Library

Foundation 1968. 7, 130 S.
bub 641

f bub 641/706
d bub 641/706a
* Vietor, Reinhild
Auskunftsdienst in amerikanischen Bibliotheken. Eindrücke einer Studienreise. (Von) Reinhild Vietor. (Hrsg.:) Deutscher Büchereiverband (Berlin), Arbeitsstelle für das Büchereiwesen (Berlin).
Berlin: Deutscher Büchereiverband 1969. 17 S.
Bibliotheksdienst. Beihefte. 43.
bub 641

f bub 641 ec/36
* Burrell, Thomas William
Learn to use books and libraries. A programmed text. By T(homas) W(illiam) Burrell.
London: Bingley 1969. 105 S.
= Programmed texts in library and information science.
bub 641 ec

bub 642: Ausleihe

f bub 642/837
* Fuchs, Wilhelm
Signiertechnik. Ein Praktikum für Anfänger im Bibliotheksdienst. Von Wilhelm Fuchs. H. 1.2.
Leipzig: Harrassowitz 1924-25.
bub 642

Anlage 6

Aus: Thesaurus. UB Bochum. 1970
Alphabetischer Teil

Bibliothek	*06595* :	02 *01*
Bibliothekar	*06592* :	023.4 *01*
Bibliothekare, Biographien	*05489* :	02(092) *01*
Bibliotheken	*06596* :	02 *01*
		Spezialbibliotheken *20A*
		s. a. Blindenbücherei
		s. a. Institutsbibliothek
		s. a. Collegebibliothek
		s. a. Behördenbibliothek
		s. a. Ratsbibliothek
		s. a. Gefängnisbücherei
		s. a. Klosterbibliothek
		s. a. Werksbücherei
		s. a. Jugendbücherei
		s. a. Schulbibliothek
		s. a. Buchauswahl
		s. a. Privatbibliothek
		s. a. Leihbücherei
		s. a. Volksbücherei
		s. a. Public library
		s. a. Stadtbibliothek
		s. a. Staatsbibliothek
		s. a. Storage library
		s. a. Spezialbibliotheken
		s. a. Universitätsbibliothek
		s. a. Hochschulbibliothek
		s. a. Freihandbücherei
		s. a. Schülerbücherei
Bibliotheksbau	*10947* :	022 *01*
		727.8 *02*
Bibliotheksbenutzung	*06601* :	024 *01*
		Benutzungsabteilung (bibl.)
		s. a. Lesesaal
		s. a. Leihverkehr
		s. a. Leihstelle
Bibliotheksgeschichte	*10856* :	02(091) *01*
Bibliothekskataloge s. Kataloge		
Bibliotheksschule	*06589* :	02:377.6 *01*
		Schule *20A*
Bibliotheksstatistik	*06593* :	025.12 *01*
Bibliothekstechnik	*06586* :	022.9 *01*

Anlage 6

Aus: Thesaurus. UB Bochum. 1970
Systematischer Teil

02	01 :	Bibliothek *06595*
02	01 :	Bibliothekswissenschaft *06597*
02	01 :	Bibliotheken *06596*
		Spezialbibliotheken *20A*
02	01 :	Bibliothekswesen *11008*
02 (091)	01 :	Bibliotheksgeschichte *10856*
02 (092)	01 :	Bibliothekare, Biographien *05489*
02'12' (494)-HEI	01 :	Heinrich von Ligerz *09721*
02:061.231 (430)	01 :	Verein Deutscher Bibliothekare *06598*
02:061.231 (73)	01 :	American Library Association *06423*
02:377.6	01 :	Bibliotheksschule *06589*
		Schule *20A*
021.61	01 :	Storage Library *06587*
		Bibliotheken *20A*
021.64:018.11	01 :	Zentralkatalog *06586*
		Gesamtkatalog *10A*
		Kataloge *20A*
021.65	01 :	Autobücherei *06600*
		Fahrbücherei *10A*
		Wanderbücherei *10B*
		Volksbücherei *20A*
022	01 :	Bibliotheksbau *10947*
		727.8 *02*
022.5	01 :	Lesesaal *06594*
		Handbibliothek (bibl.) *10A*
		Bibliotheksbenutzung *20A*
022.9	01 :	Bibliothekstechnik *06588*
023.4	01 :	Bibliothekar *06592*
024	01 :	Bibliotheksbenutzung *06601*
		Benutzungsabteilung (bibl.) *10A*
024.5-FR	01 :	Freihandbücherei *06590*
		Volksbücherei *20A*
		Bibliotheken *20B*
024.6	01 :	Leihstelle *06603*
		Buchausleihe *10A*
		Ausleihe (bibl.) *10B*
		Bibliotheksbenutzung *20A*
024.68	01 :	Leihverkehr *06602*
		Auswärtiger Leihverkehr *10A*
		Fernleihe *10B*

Bibliotheksbenutzung *20A*
025 .... 01 : Bibliotheksverwaltung *06591*
025.12 .... 01 : Bibliotheksstatistik *06593*
025.2 .... 01 : Akzession *06607*
Erwerbungsabteilung (bibl.) *10A*
Bucherwerbung *10B*
025.21 .... 01 : Buchauswahl *06582*
Bibliotheken *20A*
025.26 .... 01 : Buchtausch *06581*
Tausch (bibl.) *10A*
025.3 .... 01 : Katalog *06431*
Alphabetischer Katalog *10A*
025.3 .... 01 : Katalogisierung *06421*
Alphabetische Katalogisierung *10A*
Titelaufnahme *10B*
025.3:091 .... 01P: Handschriftenkatalogisierung *08959*
091:025.3 *01*
025.31 .... 01 : Katalogisierungsregeln *11012*
025.321:003.344.293 .. 01 : Büchereihandschrift *06424*
Schrift *20A*
025.323 .... 01 : Ordnungswort (bibl.) *11011*
025.341.2 .... 01 : Standortkatalog *06425*
Katalog *20A*

Anlage 7
Aus: Deutsche Bibliographie, Halbjahresverzeichnis Schlagwortregister

Länder, Orte u. ä. (B.)

Deutschland ⟨BR⟩
Bodensee
Hamburg ⟨Umgebung⟩

Übriges Europa u. andere Erdteile
Australien
Mittelamerika

Ozeanien
Salzburg ⟨Land⟩
Steiermark
Südamerika

20 ASTRONOMIE, GEODÄSIE

20/1 ASTRONOMIE, NAUTIK

Altertum
Astronomie
Astrophysik
Bestimmungsbücher
Dichtebestimmung
Eigenbewegung
Einundzwanzigzentimeterlinie
Ephemeriden
Fernrohr
Flugobjekt, Unbekanntes
Hemisphäre, Südliche
Kalender
Materie, Interstellare
Milchstrasse
Mondfahrt
Photometrie
Quasar
Raumfahrt
Sternbild
Sterne
Sternentwicklung
Sternhaufen
Sternkarten
Sternkataloge
Sternsystem, Spiralförmiges
Strahlung, Kosmische
Venusatmosphäre
Weltall
Weltbild, Kopernikanisches
Ypsilon Aquilae
Zeit

Personen s. nach 20/3

20/2 GEODÄSIE

Kartographie s. 18/4

Basisvergrösserungsnetz
Dreiecksnetz
Geodäsie
Geodäsie, Kosmische
Geodätische Hauptaufgabe
Invardrahtmessung
Katastervermessung
Linie, Geodätische
Lotabweichung, Astronomisch-geodätische
Messkammer
Netz, Geodätisches
Photogrammetrie
Refraktion, Atmosphärische
Refraktion, Terrestrische
Richtungswinkel
Rotationsellipsoid
Satellitengeodäsie
Schweresystem, Potsdamer
Vermessungsingenieur

Personen s. nach 20/3

20/3 ASTROLOGIE

Astrologie

Personen

Arat
Hemmerich, Gerlach
Kepler, Johannes
Kurandt, Friedrich Jakob
Newton, Isaak
Nostradamus
Rhetikus, Georg Joachim

21 PHYSIK

21/1 ALLGEMEINES, THEORETISCHE PHYSIK

Feldtheorie
Formelsammlungen
Kausalität
Messtechnik
Physik
Praktikum, Physikalisches
Quantenmechanik
Quantenstatistik
Quantentheorie
Relativitätstheorie
Zeit

Personen s. nach 21/6

21/2 MECHANIK

Ballistik
Coulombsche Dämpfung
Difussion
Dynamik
Elastizität
Festigkeit
Fliessen
Flüssigkeit
Flüssigkeit, Leitfähige
Flüssigkeitsstrahl
Gravitation
Kinematik
Kinetik
Körper, Starrer
Kontinuumsmechanik
Machsche Zahl
Mechanik
Mechanik, Statistische
Rheologie
Schicht, Dünne
Schwingung
Schwingung, Erzwungene
Schwingung, Nichtlineare
Spannung
Strömung
Strömung, Ebene
Strömung, Pulsierende
Trägheit
Turbulenz
Vakuum
Welle
Wellenlehre
Zertropfen

Personen s. nach 21/6

21/3 WÄRMELEHRE

Ausdehnung, Thermische
Brenngas
Druckmessung
Funktion, Thermodynamische
Luft
Temperatur
Thermodynamik
Wärme, Spezifische
Wärmelehre

Personen s. nach 21/6

21/4 OPTIK, AKUSTIK

Akustik
Farbe
Faseroptik
Lasermikroemissionsspektral-analyse
Mikroskopie
Optik
Rotationstheorie
Ultraviolett

Personen s. nach 21/6

Das System der Bibliotheken

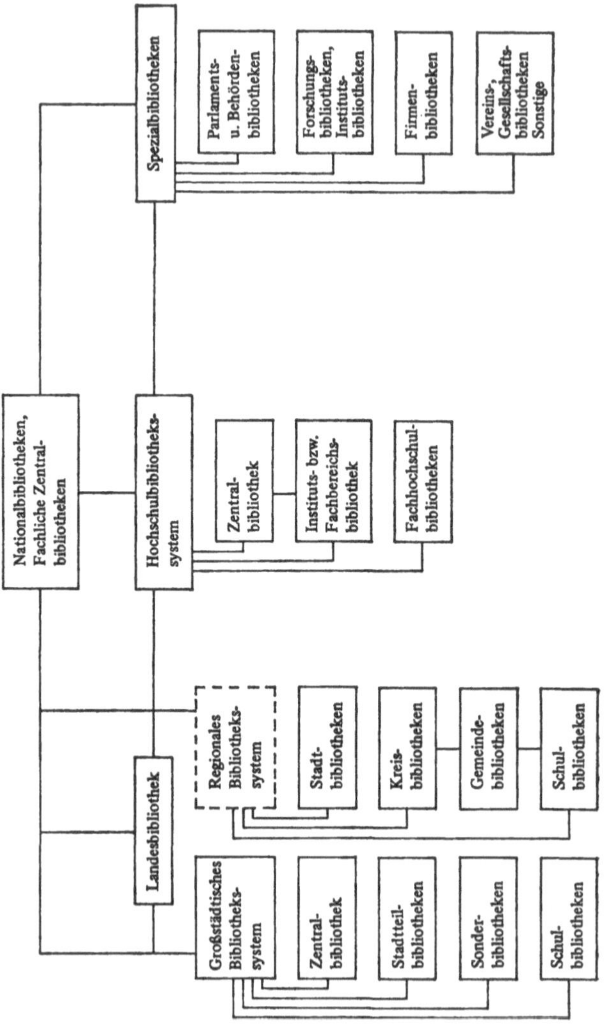

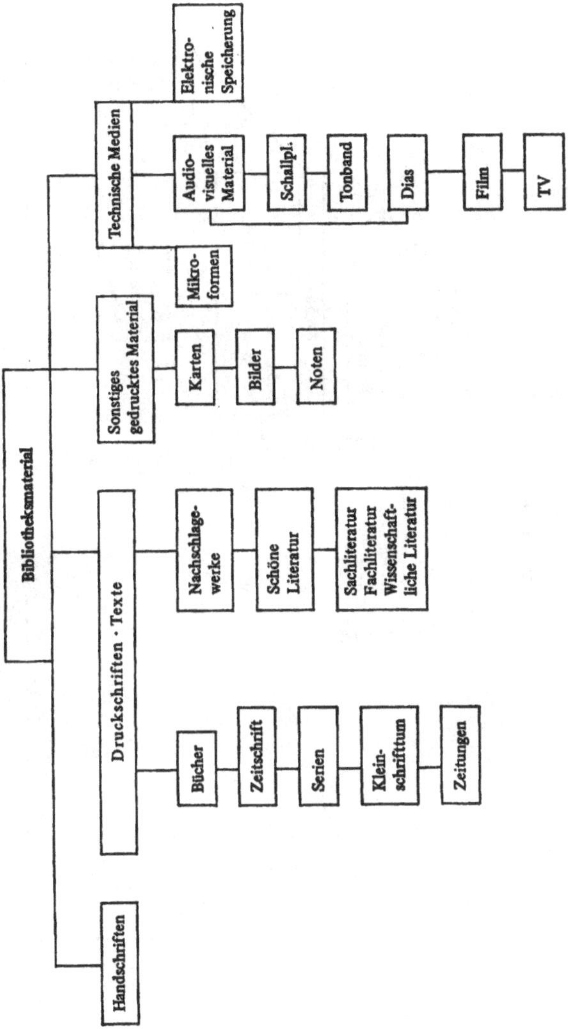
Bibliotheksmaterial
Handschriften
Druckschriften · Texte
Sonstiges gedrucktes Material
Technische Medien
Bücher
Zeitschrift
Serien
Klein-schrifttum
Zeitungen
Nachschlage-werke
Schöne Literatur
Sachliteratur Fachliteratur Wissenschaft-liche Literatur
Karten
Bilder
Noten
Mikro-formen
Audio-visuelles Material
Schallpl.
Tonband
Dias
Film
TV
Elektro-nische Speicherung

Literaturermittlung

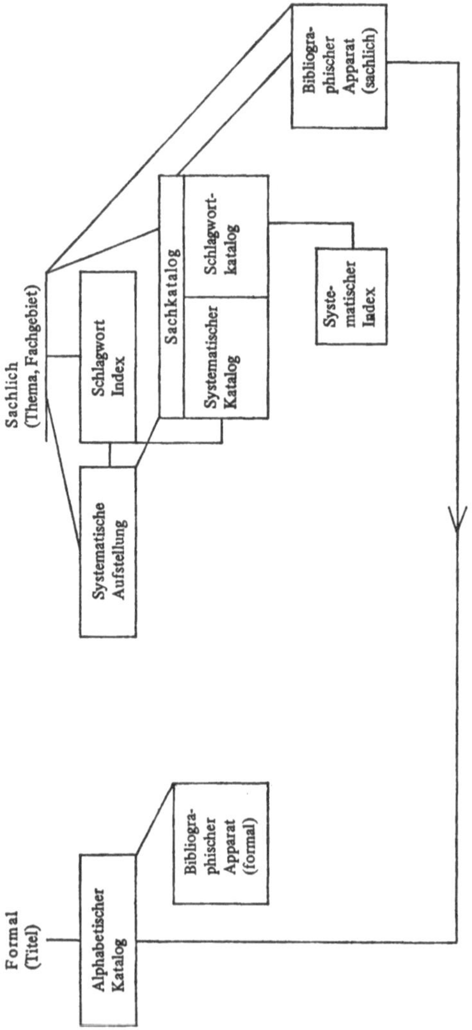

Sachregister

Soziologie · Wirtschaft · Werbung

Wirtschaftssoziologie
Von **F. Fürstenberg.** 2., neubearbeitete und ergänzte Auflage. 141 Seiten. 1970 (Sammlung Göschen Band 1193)
ISBN 3 11 002774 7

Religionssoziologie
Von **G. Kehrer.** 158 Seiten. 1968 (Sammlung Göschen Band 1228)
ISBN 3 11 002785 2

Geschichte der Soziologie
Von **L. von Wiese.** 9. Auflage. 158 Seiten. 1971 (Sammlung Göschen Band 3101). Die 1.—8. Auflage (1926—67) erschien unter dem Titel „Soziologie, Geschichte und Hauptprobleme".
ISBN 3 11 001949 3

Grundfragen der Soziologie (Individuum und Gesellschaft)
Von **G. Simmel.** 3., unveränderte Auflage. 98 Seiten. 1970 (Sammlung Göschen Band 1101) ISBN 3 11 002762 3

Industrie- und Betriebssoziologie
Von **W. Burisch.** 6., neubearbeitete und erweiterte Auflage. 194 Seiten. 1971 (Sammlung Göschen Band 3103)
ISBN 3 11 006474 X

Methoden der empirischen Sozialforschung
Von **P. Atteslander.** Unter Mitarbeit von K. Baumgartner, F. Haag, J. Ötterli, R. Steiner. 2. Auflage. 291 Seiten. 1971. (Sammlung Göschen Band 4229) ISBN 3 11 001902 7

Ideengeschichte der sozialen Bewegung des 19. und 20. Jh.
Von **W. Hofmann †.** 4., unveränderte Auflage unter Mitwirkung von W. Abendroth. 298 Seiten. 1971 (Sammlung Göschen Band 4205) ISBN 3 11 003565 0

Soziologie
Von **F. Fürstenberg.** 154 Seiten. 1971 (Sammlung Göschen Band 4000) ISBN 3 11 003731 9

Allgemeine Betriebswirtschaftslehre
Von **Konrad Mellerowicz.** 4 Bände. 12/13. Auflage (Sammlung Göschen)

I: 224 Seiten. 1969. (1008/1008 a) ISBN 3 11 006218 6

II: 188 Seiten. 1970. (1153/1153 a) ISBN 3 11 002767 4

III: 260 Seiten. 1972. (1154/1154 a) ISBN 3 11 003762 9

IV: 217 Seiten. 1968. (1186/1186 a) ISBN 3 11 006273 9

Allgemeine Betriebswirtschaftslehre

V: Die betrieblichen sozialen Funktionen. Von **Konrad Mellerowicz.** 241 Seiten. 1971. (Sammlung Göschen Band 4004) ISBN 3 11 003479 4

Grundfragen des Management

Mensch und Organisation in der Unternehmung. Von **Hans Fritz Groß.** 179 Seiten. Mit 27 Figuren. 1971. (Sammlung Göschen Band 4008) ISBN 3 11 001904 3

Geschichte der Volkswirtschaftslehre

Von **Siegfried Wendt.** 2., neubearbeitete Auflage. 184 Seiten. 1968. (Sammlung Göschen Band 1194/1194 a) ISBN 3 11 006279 8

Allgemeine Volkswirtschaftslehre

Von **Andreas Paulsen.** 4 Bände. (Sammlung Göschen)

I. Grundlegung, Wirtschaftskreislauf. 9. Auflage. 164 Seiten. 11 Abbildungen. 1970. (1169) ISBN 3 11 002768 2

II. Haushalte, Unternehmungen, Marktformen. 9. Auflage. 203 Seiten. 35 Abbildungen. 1970. (1170/1170 a) ISBN 3 10 752070 1

III. Produktionsfaktoren. 6., ergänzte Auflage. 228 Seiten. 24 Abbildungen. 1969. (1171/1171 a) ISBN 3 11 002770 4

IV. Gesamtbeschäftigung, Konjunkturen, Wachstum. 5. Auflage. 188 Seiten. 1968. (1172) ISBN 3 11 002771 2

Übungsaufgaben mit Lösungen

zu Andreas Paulsen, Allgemeine Volkswirtschaftslehre I/II. Von **Wilhelm Wedig.** 2., ergänzte Auflage. 199 Seiten. 1969. (Sammlung Göschen Band 1227/1227 a) ISBN 3 11 002783 6

Übungsaufgaben mit Lösungen

zu Andreas Paulsen, Allgemeine Volkswirtschaftslehre III/IV. Von **Wilhelm Wedig.** 240 Seiten. 1969. (Sammlung Göschen Band 1240/1240 a) ISBN 3 11 002792 5

Wirtschaftswachstum

Beiträge zur ökonomischen Theorie und Politik. Hrsg. von **Rudolf Schilcher.** Groß-Oktav. 199 Seiten. 1964. Ganzleinen DM 28,—. ISBN 3 11 000896 3

Allgemeine Volkswirtschaftspolitik

Von **Hans Ohm.** 2 Bände. (Sammlung Göschen)

I. Systematisch-theoretische Grundlagen. 3., verbesserte und ergänzte Auflage. 154 Seiten. 7 Abbildungen. 1969. (Band 1195) ISBN 3 11 002775 5

II. Der volkswirtschaftliche Gesamtorganismus als Objekt der Wirtschaftspolitik. 2., verbesserte und ergänzte Auflage. 184 Seiten. 1969. (Band 1196/1196 a) ISBN 3 11 002776 3

Genossenschaftswesen

Von **Reinhard Schultz.** 219 Seiten. 1970. (Sammlung Göschen Band 1249/1249 a) ISBN 3 11 002799 2

Finanzwissenschaft

Von **Heinz Kolms.** 4 Bände. (Sammlung Göschen)

I: Grundlegung, Öffentliche Ausgaben. 3., verbesserte Auflage. 165 Seiten. 1966. (Band 148) ISBN 3 11 006087 6

II: Erwerbseinkünfte, Gebühren und Beiträge, Allgemeine Steuerlehre. 3., verbesserte Auflage. 154 Seiten. 1966. (Band 391) ISBN 3 11 006118 X

III: Besondere Steuerlehre. 2., verbesserte und ergänzte Auflage. 205 Seiten. 1967. (Band 776/776 a) ISBN 3 11 006179 1

IV: Öffentlicher Kredit, Öffentlicher Haushalt, Finanzausgleich. 191 Seiten. 1964. (Band 782/782 a) ISBN 3 11 006181 3

Die Kursbildung auf dem Devisenmarkt und die Devisenpolitik der Zentralbanken

Von **Manfred Neldner.** Groß-Oktav. Mit 16 Abbildungen und 6 Tabellen. 181 Seiten. 1970. Gebunden DM 44,— (Beiträge zur Geldlehre) ISBN 3 11 000860 2

Steuerbedarf und Geldpolitik in der wachsenden Wirtschaft

Von **Jürgen Pahlke.** Groß-Oktav. 154 Seiten. 1970. Gebunden DM 32,— (Beiträge zur Geldlehre) ISBN 3 11 000859 9

Psychologische und verhaltensbiologische Grundlagen des Marketing

Von **Karl Schrader.** Groß-Oktav. 210 Seiten. 1971. DM 44,—
ISBN 3 11 001983 3

Die Mechanik der Pressekonzentration

Von **Ulrich Nussberger.** 141 Seiten. 1971. DM 34,—
ISBN 3 11 001975 2

Zeitungslehre

Von **Emil Dovifat.** 2 Bände. 5., neubearbeitete Auflage. (Sammlung Göschen Band 1039/1039 a, 1040/1040 a)

Band I: Theoretische und rechtliche Grundlagen. Nachricht und Meinung. Sprache und Form. 162 Seiten. 1967. ISBN 3 11 006226 7

Band II: Redaktion. Die Sparten Verlag und Vertrieb, Wirtschaft und Technik. Sicherung der öffentlichen Aufgabe. 179 Seiten. 1967. ISBN 3 11 006227 5

Die unerkannte Kulturmacht
Grundlegung der Zeitungswissenschaft (Periodik)

Von **Otto Groth.** 7 Bände. Groß-Oktav. Ganzleinen.

I. Das Wesen des Werkes. XVI, 645 Seiten. 1960. DM 56,—
ISBN 3 11 000867 X

II. Das Sein des Werkes. VIII, 426 Seiten. 1961. DM 56,—
ISBN 3 11 000868 8

III. Das Werden des Werkes I. VIII, 431 Seiten. 1961. DM 56,—
ISBN 3 11 000869 6

IV. Das Werden des Werkes II. XII, 835 Seiten. 1962 DM 56,—
ISBN 3 11 000870 X

V. Das Wirken des Werkes I. VIII, 682 Seiten. 1963. DM 56,—
ISBN 3 11 000871 8

VI. Das Wirken des Werkes II. VIII, 466 Seiten. 1966. DM 56,—
ISBN 3 11 000872 6

VII. Das Werk im Ganzen der Kulturgesellschaft. In Vorbereitung. ISBN 3 11 001968 X

FSC
www.fsc.org
MIX
Papier | Fördert
gute Waldnutzung
FSC® C083411

Kolibri 360 GmbH
Ferdinand-Jühlke-Straße 7
99095 Erfurt, Deutschland
produktsicherheit@kolibri360.de